아빠가
알고 있는 걸
알려줄 수
있다면

내 아이에게 물려주고 싶은 아버지의 인생 지혜

아빠가
알고 있는 걸
알려 줄 수
있다면

여기태 지음

카시오페아
Cassiopeia

아빠가 알고 있는 걸
알려줄 수 있다면

첫째 아이가 초등학교 5학년이 다 되도록 아빠인 저는 가족 안에서 주변인으로 지냈습니다. 가족을 잘 부양하기 위해 지금 당장 해야 하는 일이 급했고, 그 일을 꼭 이루어야 했고, 사회적인 성공이 필요했습니다. 대부분 시간을 부양책임에만 초점을 맞추며 보낸 셈이지요. 이러다 보니 아이와 교감하는 시간은 턱없이 부족했습니다.

중요한 것은 이런 사실을 저만 몰랐다는 점입니다. 더 큰 문제는 이런 현상은 아빠들에게 당연한 일이고, 언젠가 멋지게 성공하면 한 번에 다 갚을 수 있다고 생각했다는 것이지요. 천만다행으로 내 생각이 틀렸다는 사실을 알아챘지만, 문제를 어떻게 풀어가야 하는지 난감하기만 했습니다. 친구 같은 아빠 그리고 자녀의 인생을 끌고 가는 지원자로서의 아빠가 되고 싶었지만, 그 방법을 알아내기는 쉽지 않았습니다.

그때부터 주변을 관찰하고 때론 책을 뒤지며 아이에게 '아빠가 필요한 순간들'이 언젠지 알기 위해 고민했습니다. 그러다 우연한 기회에 아이와 가까워지는 시간을 갖게 되었습니다. 아이에게 다가설 계기를 만들기가 어렵지 그다음부터는 점점 쉬워지더군요. 아니, 쉬워진다기보다는 나의 분신인 아이와 눈을 맞추고 이야기를 나누며 교감하는 시간이 너무도 귀하고 재미있게 여겨졌습니다. 그리고 아이에게 아빠가 필요한 순간들을 무던히도 외면하고 살았던 제 자신을 발견했습니다.

결론적으로 아빠의 욕심이 아니라, 아이의 눈빛이 빛나는 곳으로 아이를 인도해야 한다는 것을 한참이 지난 후에야 알게 되었습니다. 때로는 오해하여 나만의 생각을 몰아붙이기도 했고, 세상이 인정하는 직업을 가진 사람이 되기를 요구하기도 했습니다. 하지만 아이가 진성 바라고 흥미 있어 하는 것을 인정하면서부터는 가만히 욕심을 내려놓을 수 있었습니다.

그러나 아빠의 자리에서 고정된 시선으로 아이를 바라보다가, 아이와 교감하며 기대치의 높낮이를 조정하는 것은 녹록한 일이 아니었습니다. 첫째 아이가 군에 입대하고, 둘째가 대학에 들어가기까지 그 포인트를 찾지 못해 무던히도 방황했습니다. 때로는 목소리를 높이며 아이와 다른 방향을 가리키기도 했고, 성취해야 하는 목표에 대해 합일점을 찾지 못했습니다.

이 책에는 이러한 실패와 깨달음을 바탕으로 아이들과 함께하려 했던 저의 10여 년간의 경험을 진솔하게 담았습니다. 제가 좌충우돌하며 찾은 답이 세상 모든 아빠에게 맞지는 않을 것입니다. 하지만 정말 중요한 것은 아이가 간절히 아빠를 필요로 할 때를 파악하여 아이와 함께 있어주는 것입니다.

아빠는 매일 규칙적으로 아이의 곁을 지키는 일에는 조금 부족할지 모르지만, 넓은 시야로 큰 그림을 보여주는 데는 강점이 있습니다. 미래의 방향을 제시해주는 아빠의 선 굵은 역할이 아이에게 꼭 필요합니다. 아이의 인생에 평생 힘이 되는 아빠의 조언을 이제는 조곤조곤 낮은 목소리로 들려줄 때입니다. 오늘도 아이 문제로 고민하는 세상의 모든 아빠에게 저의 작은 경험이 밑거름되기를 희망합니다. 자녀와 좀 더 아름다운 소통이 이루어지고, 탐스러운 열매가 가지가지마다 가득 열리기를 간절히 소망합니다.

여기태

차례

1장

잘 자랄 씨앗은
좋은 습관으로 만들어진다

2장

자신을 지키려면
뿌리가 튼튼해야 한다

3장

알찬 열매를 맺으려면
좋은 선택을 해야 한다

4장

무소의 뿔처럼 혼자서 가라

잘 자랄 씨앗은
좋은 습관으로 만들어진다

그로타 사우 페드루Grota Sao Pedro' 커피 한 잔

강릉 커피 제조장에서 접한 브라질 '그로타 사우 페드루Grota Sao Pedro'

커피 한 잔을 손에 받쳐 들고 향에 취해봅니다. 감미로운 커피 향 너머로 잘 조화된 풍미가 가득합니다. 몇 모금을 음미한 후에는 처음의 강렬한 커피 향 너머로 다채로운 맛이 살아남을 느낍니다. 세련된 산미가 먼저 혀끝에 감돌면서 다양한 과일 향이 앞서거니 뒤서거니 다가섭니다. 체리, 오렌지, 재스민 향도 얼핏얼핏 감지됩니다. 전체적으로 잘 조화된 느낌입니다.

이 커피처럼 아이에게 경험과 교육이 조화롭게 켜켜이 배어들게 할 수 있다면, 좋은 향과 풍미를 지닌 아이로 성장하지 않을까요? 자녀교육의 근본은 다양한 아름다움과 장점이 골고루 인성에 배어들게 노력하는 데 있습니다. 풍요로운 수확을 기대하며 씨앗을 뿌리듯, 아이의 인성의 밭에 사랑이 담긴 교육을 파종해보세요.

언젠가 네가
떠나갈
그 날을 위해

가족과 함께 외국 생활을 시작하면서 적잖은 변화가 일어났다. 우리가 정착한 곳은 아름다운 항만을 끼고 형성된 중소 규모의 도시였다. 중심부에 위치한 상점가 이외에는 그리 번잡한 곳이 없는 조용하고 심심하리만큼 한가한 지역이었다.

한국에서처럼 다이내믹한 기분을 느끼고 싶으면, 항구를 오가는 분주한 선박의 움직임을 바라보거나 북적거리는 상점가를 어슬렁거리곤 했다. 그래야 한국의 '유쾌한 바쁨'을 조금이라도 마음속에 되살려볼 수 있었다. 하지만 초저녁만 되면 문을 닫아버리는 상점가는 24시간 불야성인 동대문, 명동, 홍대 등과 거리가 멀어도 한참 멀었다.

그나마 늦은 시간까지 영업한다는 맥줏집 역시 한국의 음주 문화와 비교해보면 초라한 수준이었다. 24시간 역동적이고, 전화 한

통이면 태풍이 불어도 순식간에 일이 해결되며, 잠잠할 때는 잠자는 시간 외에 거의 없는, 수십 년간 철저한 한국 사람이었던 나는 싱겁기 그지없는 이곳의 문화 패턴에 점점 실망해갔다.

조그마한 재밋거리라도 찾아볼 요량으로 눈을 번뜩이던 나에게 다가선 장면은 뜻밖에도 평범한 가정의 소소한 모습들이었다. 학교를 마치면 늘 일정한 길을 따라 걸어서 집으로 가곤 했는데, 어느 순간부터 길가의 집에서 새어나오는 불빛에 익숙해지면서 화목한 가족의 모습이 언뜻언뜻 눈에 들어오기 시작했다. 이런 모습을 보면서 '왜 이렇게 빨리 상점가에 불이 꺼질까? 대체 사람들은 다 어디로 간 거야?' 하는 내 의문에 대한 답을 미루어 짐작할 수 있었다.

가급적 일찍 귀가하여 가정에서 행복을 찾는 이들의 방식을 반추해보았다. 그저 싱겁고 맹물 같다고 생각하면서도, 한편으로는 이해가 되면서 꽤 괜찮다는 생각마저 들었다. 그래도 마음 한구석에는 바쁘게 쌩쌩 돌아가는 한국이 여전히 그리웠다.

여름이 되면 이들이 가장 좋아하는 두 가지 때문에 주택가에도 활기가 넘친다. 하나는 바비큐, 또 하나는 선탠이다. 이 두 가지는 사람들을 자연스럽게 정원으로 나오게 해서 좀 더 자세히 이들의 삶을 접할 수 있었다. 격의 없이 바비큐 요리를 하고 와인을 곁들이는 사람들을 보면서, 익어가는 고기만큼이나 풍성한 이야기를 나누는 모습이 부럽게 느껴졌다. 가정의 잔잔한 화목이 얼마나 중요한지 조금씩 생각의 추가 기울기 시작했다.

하지만 가정의 소탈한 화목을 중시하게 되었음에도 극복되지 않는 점이 있었다. 초등학교 이하 학생을 둔 가정에서 지나칠 정도로 아이를 과잉보호하는 것 같아 못마땅했던 것이다. 그중 가장 중심에 있는 현상은 아이를 '픽업'하는 문제였다. 우리나라에서야 "학교 다녀오겠습니다!" 하고 아이가 문을 박차고 나가면, "차 조심해라!" 한마디만 힘주어 말하면 일정 부분 부모의 역할이 갈무리된다. 그런데 이곳에서는 도통 이런 단순한 방법이 먹히지 않았다.

아이의 손을 꼭 잡고 매일 아침 학교 정문까지 안전하게 데려가서, 문이 열리기 전까지 운동장에서 노는 아이들을 지켜보고 있어야 했다. 아이가 안전하게 입실하는 것을 확인하고서야 부모는 돌아갈 수 있었다. 처음에는 익숙하지 않았다. 등굣길에 아이의 손을 잡고 가면서도 대화거리가 없어 힘들었고, 학교에서는 입실 전 또래 부모들과 적당한 화젯거리를 찾지 못해 어쩔 줄 몰랐다. 몇 주가 지나서야 조금씩 나아지기 시작했다. 아이와도 다정한 톤으로 여러 이야기를 할 수 있게 되었고, 또래 부모를 만나서도 편안한 눈웃음 정도는 교환할 수 있었다.

하교 시간에는 교장 선생님이 직접 학교 출입문에 나와 아이들과 인사하고, 학부모와 친절히 이런저런 이야기를 나누었다. 이 모습을 보면서 많은 것을 느꼈다. 픽업은 아이들의 안전을 최우선으로 하는 것이지만, 아이와 부모 사이의 친밀감과 학부모와 교사 간의 유대감도 픽업을 통해 맺어지고 있었다. 이후 급한 회의를 하다가도 아이를 픽업해야 한다고 가버리는 직원과 그것을 당연하다는 듯 이해해주는 사람들이 서서히 자연스러워졌다. 어느덧 큰 아이가 중학교Secondary School에 입학할 시기가 되었다. 중학교 진학은 부모와 아이가 진로를 상의해서 결정하는 것이 보통이었고, 분야별로 특화된 학교들은 대부분 도보로 접근하기 힘든 먼 거리에 있다. 그러다 보니 걸어서 아이를 픽업하던 초등학교 시절과는 사뭇 다른 환경을 맞게 되었다.

늘 가까운 거리에서 아이 손을 잡고 픽업하는 즐거움만 생각하고 있다가, 아이 혼자 버스를 타고 상당한 시간을 등하교해야 하는 현실은 당황스럽기 그지없었다. 이곳이 외국이라는 점과 부모도 자주 가보지 않은 지역에 아이를 매일 보내는 것이 미덥지 않아 입학 전에 아이와 같이 버스도 타보고, 학교에도 미리 가보고, 집 근처 버스 정류장도 확인해두었다. 결정적으로 안심할 수 있었던 계기는 같은 대학에 유학 중인 중국인 부부의 아들이 상급생이어서 등교 첫날 안내를 맡아주기로 했다는 점이다.

큰 걱정을 내려두고 있다가 덜컥 가슴이 내려앉는 소식을 접한 것은 첫 등교가 있기 며칠 전이었다. 중학생이 되면 첫날부터 어떤 부모도 픽업을 하지 않는다는 사실을 아이가 학교에서 들은 것이다. 하지만 버스를 타고 가는 구간은 그렇다 치더라도 어둑어둑한 아침, 집에서 버스 정류장까지 공원길과 인적 없는 주택가를 혼자 지나게 하는 것은 도저히 자신이 없었다. 아이가 들은 정보가 잘못된 것이었으면 하고 마음을 위안하고 있었다. 그렇게 철저하게 픽업을 하던 사람들이 한날한시를 정해서 모두 나타나지 않는다면, 누가 믿을 수 있겠는가. 현지인도 공원 근처와 인적이 드문 주택가는 두려워하는데.

이제는 친구들 모두 혼자 다니니 함께 가기 싫다고 거부하는 아이의 손을 잡고 첫 등굣길을 나섰다. 아이는 계속 혼자 가겠다고 주장했다.

"정류장 근처까지만 갈게. 정류장이 보이는 먼발치에서 어른들이 있는지 확인해보고, 아이들만 서 있으면 더는 따라가지 않을 거야."

아빠에게 다짐을 받고서야 아이는 발걸음을 뗐다. 그래도 나는 내심 믿지 않았다. 불과 며칠 전까지 아침저녁으로 철저히 아이를 데리고 다니던 사람들이 어찌 1명도 오지 않을까. 멀리 정류장이 보이고 어렴풋이 사람들도 보였다. 얼마 더 가지 않아 아이의 말이 맞다는 사실을 직감했다. 거짓말처럼 정류장에는 또래 아이들만 버스를 기다리고 있을 뿐 부모들은 없었다. 급히 손을 빼고 정류장으로 걸어가는 아이의 뒷모습을 보면서 수많은 생각이 떠올랐다. 외국에 와서 그네들이 하는 몇 가지 행동을 어설프게 따라 했지만, 무엇이 이토록 결정적인 차이를 만든 것일까?

그날 먼발치에서 아이가 버스 타는 모습을 지켜보며 만감이 교차했다. 버스 정류장에서 아이의 손을 놓으면서 아이의 독립을 절감했다. 미처 준비하지 못했지만 우연처럼, 거짓말처럼 아이의 독립은 거기 있었다.

아이가 언제까지 나와 함께 있을 거라고 생각했는지 반문해보았다. 아이가 대학에 갈 때까지? 취업하고 결혼을 하면 과연 넉넉한 마음으로 독립시켜줄 수 있을까? 부모의 마음이 이렇다면 아이는 언제 독립된 개체로 멋진 날개를 펼칠 수 있겠는가. 부모로서 절절한 마음이 외국인에게는 없는 것인가. 버스 정류장에 여러 대의 버스가 지나갔지만 좀처럼 자리를 떠날 수 없었다.

결국 이런 결론을 내렸다. 유년기를 포함해 초등학교 기간 동안 열심히 픽업을 하면서 부모와 아이 간에 교감을 쌓고 인생의 가이드를 해주었다면, 결코 섭섭하지 않을 충분한 시간 동안 독립을 준비시켰다면, 가슴은 시리지만 중학교 등교 첫날이 독립의 시점이 될 수 있겠구나. 이런 생각에 닿으면서 아이와 같이한 시간이 너무 짧았고 준비가 소홀했음을 절감했다.

그리고 새롭게 다짐했다. 오늘 다가온 거짓말 같은 독립에는 속수무책으로 당했지만, 아이들이 작은 일에서 인생의 따뜻함을 느끼고, 땀 흘리고 노력하는 일에 가치를 두며, 건실하고 아름다운 독립된 개체가 되도록 최선을 다해 돕겠노라고. 마음으로 준비된 독립의 시점이 다가오면 그때는 행복하게 아이를 보내겠다고.

아들과 함께
온천에서
대화를

언젠가 세미나에서 특별강의를 하시던 분에게 온천에 대한 짧은 추억을 들을 기회가 있었다. 그저 스쳐 지나가는 추억담이었지만 아직까지도 내 뇌리 속에 남아 있는 이야기다. 그분은 온천의 넓은 창 너머로 보이는 완만한 산등성이를 눈으로 따라가다 보면, 지친 삶에 커다란 여백을 가질 수 있다고 했다. 이 이야기는 마치 잔잔한 종소리를 듣는 것같이 내 마음에 물결을 만들었다.

직장을 다니기 시작하면 롤러코스터를 타는 것처럼 정신없이 분주한 날들이 계속된다. 시시각각 닥치는 일들을 젊은 혈기로 막아내고, 때론 경험과 지혜가 부족해 기회를 놓치고 허둥대기도 한다. 그렇게 숨 가쁜 직장생활이 하루에 하루를 더한다.

그러던 어느 날, 잠시 묻어두었던 잔잔한 종소리에 대한 기억이 떠오르면서 큰마음을 먹고 시간을 들여 온천행을 시도했다. 노하우가 부족해서였을까. 처음 찾은 온천에서는 마음의 안온함과 여백을 만들기보다는 목욕탕 본래의 목적에 충실하고 말았다.

반신반의를 거듭하면서 기회가 될 때마다 가족과 함께 온천에 가기를 계속했다. 그런데 어느 순간부터 몸의 때를 벗기기보다 마음의 때를 벗기려는 나 자신을 발견했다. 때를 벗기려는 대상이 바뀌면서부터 머릿속에서 질주하는 걱정과 염려를 그저 편안한 눈길로 헤아리게 되었다. 이런 경험을 한 이후 나에게 온천은 고민 한 보따리를 풀어놓는 곳이라는 등식이 성립되었다.

온천에서 이루어지는 '마음 비우기' 과정은 이러했다. 가장 고민되는 몇 가지를 머릿속에 담아두고 집에서 출발한다. 이때가 제일 혼란스럽고 머리가 지끈지끈하다. 이윽고 따스하고 훈훈한 탕의 가장자리에 발만 담그고 앉아 온화함을 느낀다. 머릿속의 야단법석이 진정되고, 어둠이 걷히면서 드러나는 물체처럼 걱정의 실체들이 한두 개씩 선명해진다. 걱정하는 대상을 확인하면 덜 안절부절못하게 되니, 온천에서 풀어야 할 고민이 명확해진다.

이쯤 되면 배꼽 정도까지 몸을 담가 본다. 따뜻한 느낌이 몸 전체를 감싸면서 고민을 풀어야 한다는 강박도 감미롭게 느껴진다. 온천 밖으로 훌륭한 경치를 볼 수 있는 곳이라면 감성은 더 풍부해진다. 이럴 때면 세미나에서 들었던 그 말이 다시 생각나 살며시 혼자 되뇌어본다.

'아, 산등성이를 느릿한 흐름으로 천천히 눈으로 따라가다 보면,

웬만한 고민은 산등성이 어딘가에 두고 올 수도 있겠구나.'

마음이 편안해지는 것과 머리가 맑아지는 것은 같은 곳에 뿌리를 두고 있다. 편안해지는 만큼 걱정이 작아지면서 털어버리기도 수월해지고, 털어낸 걱정만큼 머리가 맑아진다. 몸이 풀어지고 머리가 맑아지면서 편안해짐을 느끼면 좀 더 깊숙이 몸을 담가 본다. 이제야 몸과 마음에 안녕이 가득하다.

두 번째 직장이 있던 곳은 유독 근처에 온천이 많았다. '마음 다스리기'와 '걱정 풀어놓기'를 아이들과 같이해보기에 더할 나위 없는 최적의 조건이었다. 아이들이 어렸을 때는 온천이 놀이터 같은 곳이라는 인상을 주는 데 최선을 다했다. 아이들이 초등학교 고학년이 되면서는 조금씩 물의 따스함과 안락함, 기분 좋은 이완을 느낄 수 있도록 배려했다. 뜨겁지 않은 탕에서 학교생활에 대해 넌지시 물어보고 천천히 의견을 주면서 대화를 이어갔다. 훈훈한 탕 안에서 이루어지는 아이와 부모의 느긋한 대화에는 어디에서도 맛볼 수 없는 편안함이 배어 나온다. 여러 가지 이야기를 들을 수 있고, 거부감 없이 부모의 견해나 조언을 전할 수도 있다.

어느 눈 오는 날, 아이들과 같이 몸을 담갔던 노천탕은 지금도 새삼 기억에 새롭고 마음의 화첩 속에서도 단연 으뜸이다. 머리는 차고 발은 따뜻한 두족한열頭足寒熱 상태에서 가느다랗게 내리는 흰 눈을 맨몸으로 맞는 경이로움과 처연함을 무엇에 비견할까. 추운 바깥 공기를 피해 아이들은 내 곁으로 좀 더 다가앉았고, 눈 내리는 노천탕에서 나눈 이야기는 지금도 추억으로 자리하고 있다.

온천에서 어른들 배꼽 깊이까지 앉지도 못했던 아이들은 어느덧 같은 눈높이에서 이야기를 나눌 수 있을 만큼 성장했다. 우리가 나누었던 이야기만큼이나 아이들의 마음도 훌쩍 커졌으면 좋겠다. 세월이 한참 흐르고 난 후에 아이들이 부모를 기억할 때 따뜻한 온천과 행복한 감정이 함께 떠오르기를 소원한다.

부모 세대보다 훨씬 복잡다단한 삶을 살게 될 아이들이 적절한 시기에 '마음의 때 벗기기'를 잘할 수 있기를 간절히 바란다. 이제 아빠만큼 키가 커버린 아이들과 독립 전까지 시간이 허락하는 대로 온천에 들르려고 한다. 그리고 좀 더 어른스럽게 독립을 맞이하는 법에 대해 이야기를 나누고 싶다. 아이들의 사랑스러운 모습과 온천의 따스함이 겹치면서 행복이 밀려온다.

아빠와 함께한
공부를
즐겁게 기억하기를

유년 시절, 동네에 꼭 1명쯤은 있는 모범생 때문에 수시로 비교를 당하며 힘들었던 경험이 누구나 있으리라. 나는 하필 바로 옆집에 사는 2살 정도 많은 형이 온 동네가 부러워하는 대표적 모범생인지라 겪어야 하는 고초가 이루 헤아릴 수 없었다. 각종 시험에서 1등을 할 때마다 동네에 소문이 쫙 퍼지고 상은 어찌 그리 자주 받는지. 다음날이면 어김없이 모든 동네 아주머니들이 칭찬 일색이었다.

부러움과 시기 때문에 미움이 컸던 관계로 그 형과는 친하게 지내기보다 그저 피해 다녔던 기억이 크다. 옆집 아주머니는 참 인자하고 좋았는데, 어찌 그리도 그 형은 싫어했는지 새삼스럽다. 그런데 옆집이라는 물리적인 거리에도 불구하고 그렇게도 멀리 있던 마음을 결정적으로 바꾼 사건이 생겼다.

나는 옆집을 지날 때마다 형은 도대체 무얼 하고 있나 습관적으로 기웃거렸다. 그러던 어느 여름날, 더위 때문에 대청마루에서 앉은뱅이책상을 마주하고 있는 형을 또렷이 볼 수 있었다. 즐거움이라고 표현해야 딱 맞을 표정으로 책에 몰입하고 있는 형을 보는 순간 이제까지 품었던 시기와 질투가 모두 사라졌다. 그 짧은 순간에 나의 유년 시절 영웅은 만들어졌다. 이후 형이 하는 모든 행동을 따라 하면서 나도 즐거워졌다. 물론 앉은뱅이책상에서 공부하는 모습 또한 나의 일상으로 굳어진 것은 두말할 나위도 없다.

요즘은 한국에 있는 대학으로 유학 오는 외국 학생들을 많이 접할 수 있다. 이러한 추세에 따라 내 강의에도 어김없이 국제화가 찾아왔다. 수강을 신청한 학생 이름 가운데 중국 이름을 발견한 것이다. 수강생 모두가 한국 학생인데 무리가 없을지 수업을 시작하기 전에 중국 학생을 면담했다. 중국에서 2년 정도 한국어를 배웠다고는 하나, 면담 시간에 한국어를 잘하는 중국인 선배를 동행하고 와야 할 정도로 자신 없어 했다.

걱정스러운 마음으로 한 학기 수업이 시작되었고, 학생은 늘 제일 먼저 와서 가장 앞자리에 앉는 정성을 보였다. 몇 주가 지나면서는 수업이 끝나면 한가득 질문공세를 시작하였다. 이후 치른 중간고사에서도 중상 정도의 성적을 거두면서 강의 시작 전에 가졌던 나의 걱정이 기우였음을 확인시켰다. 중간고사 이후에도 열정적으로 수업에 몰입하는 모습을 보면서 참 흐뭇했다.

한 학기가 끝나가던 12월의 어느 날 아침, 하얀 눈이 학교 운동장에 가득 쌓였고, 나는 운동장을 돌아난 길을 따라 조금 이른 출근길 운전 중이었다. 그때 저멀리 한 학생이 무언가를 열심히 쳐다보면서 운동장을 가로질러 느릿느릿 걷고 있는 것이 보였다. 눈과 어우러진 영화 같은 장면 속에서 혼자 걷고 있는 학생이 인상적이었고, 이른 시간에 무얼 저리 들고 즐거운 표정으로 보는지도 궁금했다. 혹시 연인 사이에 주고받은 달콤한 연서라도 보고 있을까 즐거운 상상을 하는 사이 학생이 서서히 시야에 들어왔다. 놀랍게도 그 중국 유학생이었다.

나는 차창을 열고 학생에게 물었다. 이른 아침에 무얼 그리 즐겁게 보면서 걷고 있느냐고. 학생의 답변은 참 신선했고 지금도 좋은 추억으로 남아 있다. 학생의 말을 잘 정리해보면 이렇다.

"아침에 이렇게 빈 운동장을 걸으며 교실로 향해요. 수업 시간에 배운 내용을 읊조리기도 하고 읽기도 하면 암기가 잘되고 기분이 좋아져요!"

그러고 보니 언어의 장벽이 있음에도 한 학기 동안 학생의 강의 이해도는 상당한 수준으로 진전되었다. 기말고사가 끝나고 채점을 하려 학생의 답안을 꺼내 든 순간, 나의 얼굴에도 흰 눈 가득한 운동장에서의 그 학생 표정이 재현되었다.

공부가 힘들기만 하다는 생각은 적절하지 않다. 나의 경우처럼 공부가 언제 어떤 계기로 즐거운 모습으로 다가설지 모른다. 공부도 그저 같이 있기만 해도 입가에 미소가 번지는 연인처럼 변할 수 있다. 그렇다면 이런 신선함과 즐거움을 우리 아이에게 어떻게 만나게 해줄까. 희망 같아서는 한글을 배우는 유치원 때부터 시작하고 싶지만, 부모의 이런 기대는 쉽게 이루어지지 않는다. 언제 만날지 모르는 결정적인 계기를 외부에서만 찾기에는 너무 막막하기도 하다.

어느 순간, 아이가 해주길 바라는 모습을 부모가 먼저 보여주면서 느끼게 하는 것이 가장 좋은 방법이라는 생각이 들었다. 그래서 언제부터인가 여러 매체에서 소개하기 시작한 '거실 혁명'을 시도했다. 일단 거실에서 TV, 오디오, 소파를 추방하였다. 그 자리에는 아이가 편안하게 작업할 수 있는 길고 넉넉한 책상을 넣었고 컴퓨터, 프린터, 조명 등을 설치하여 혼자서 하던 학교 관련 작업을 공용 공간인 거실로 가져오게 했다. 수시로 부모가 관심을 가지고 함께할 수 있도록 한 것이다.

컴퓨터가 공용 공간으로 나오면서 인터넷의 유해성에 대한 걱정이 현저하게 줄었다. TV를 방으로 보내고 시청이 필요한 프로그램만 보게 하면서 TV 소리가 거실을 가득 메우던 비효율성이 사라졌다. 아이는 물론 부모도 꼭 필요한 프로그램만 보게 되는 현명함을 가지게 되었다. 그리고 거실에 있던 소파도 치워버렸다. 이후 한 사람이 소파에 누워서 리모컨으로 TV를 조작하며 집안의 가장 넓은 공간을 독차지하는 일이 사라졌다.

소파 자리에는 책장을 두고, 거실 가운데에는 넓은 책상을 두었다. 거실은 아늑한 작업 공간이 되었고, 아이들과 가까이에서 책장을 같이 넘기게 되었다. 수학에서 어떤 부분을 어려워하는지, 무슨 참고서가 필요한지 알 수 있었고, 숙제하는 데 필요한 아이디어를 함께 나누면서 아이들과 교감했다. 가끔 이런 상상을 해본다. 아이들이 먼 훗날 이 순간을 즐겁고 복된 날들로 기억하기를. 공부를 생각하면 부모님과 거실에서 함께하던 행복한 기억부터 떠올리기를.

정보의 홍수 속에서 우리는 얼마나 많은 공부를 해야 하는가. 공부가 과연 학생들에게만 해당하는 과제일까? 공부는 좋은 직장에 가기 위해서, 직장 내에서 승진하기 위해서, 또 다른 도전을 위해서 오랫동안 함께해야 할 숙명이 되어버린 지 오래다. 부모와 거실에서 함께 노력했던 유년 시절의 기억을 떠올리게 된다면, 공부가 더는 힘든 일만은 아니라고 생각할 것이다. 어쩌면 이것이 우리가 아이에게 그토록 찾아주고 싶었던, 공부가 결정적으로 좋아지는 계기일지도 모른다. 아이가 독립하기 전에 가슴 가득히 채워주어야 할 것 중 하나는 공부가 즐거울 수 있다는 사실과 평생 함께해도 좋겠다는 편안함이 아닐까?

하루 하루를
충실히 보내는
시간 관리법

　겨울방학 기간에 미국 대학에서 공동연구를 할 때의 일이다. 공동연구를 같이할 분이 워낙 관련 분야에서 유명한 분이라 우여곡절 끝에 근무하는 대학에서 연구 공간을 할애받을 수 있었다. 이분을 처음 만나던 날, 대학과 연구 공간을 구석구석 소개받은 후 점심을 같이했다. 제법 연세가 있고 수염까지 하얗게 덥힌 그의 얼굴은 흡사 후덕한 산타클로스를 연상케 했다.

　식사 장소로 이동하기 위해 차가 있는 대학 주차장까지 같이 걷게 되었다. 이런저런 이야기를 나누는 중에 머릿속으로 몇 가지 생각이 스쳐 지나갔다. 한 분야에서 세계적으로 인정받고 있고, 대학 내에서도 확고한 위치에 있는데 과연 어떤 차를 타고 다니실까?

　이런 단편적인 상상을 하다 발걸음을 멈춘 주차장에는, 우리나라로 하면 벌써 폐차장 한쪽에 자리하고 있을 오래된 차가 한 대서 있었다. 잠시 깨져버린 상상으로 멈칫거리는데 이번에는 한술 더 떠서 조수석이 있는 문으로 가더니 열쇠로 정교한 기술을 구사하며 조심스레 문을 열어주는 게 아닌가! 자기만큼 차가 오래되어서 손님에게는 이런 서비스가 필요하다며 건네던 웃음은 아직도 생생하게 가슴에 남아 있다.

연구에 관한 이야기를 하기로 한 다음 날 아침 9시, 그의 연구실에서 나는 더 큰 자극을 받았다. 화려한 책장에 꽂힌 무수히 많은 책 정도였다면 익히 보아온 터라 신선함 근처에도 가지 못했으리라. 그런데 연구실에 들어서면서 본 풍경은 한 벽면 가득히 칸을 질러 서랍을 빼곡히 설치한 낯선 모습이었고, 다소 넓고 낡은 책상이 창가에 있다는 것 정도였다. 달리 더 설명할 필요가 없는.

의자에 앉아 이야기를 나누는 동안 나는 벽에 빼곡히 들어선 칸에 전 세계에서 오는 논문이 가득 차 있다는 사실을 알게 되었다. 사실 이분은 세계적으로 유명한 전문 학술지의 편집장을 맡고 있었고, 심사를 희망하는 엄청난 양의 논문이 이분에게 전해졌다. 지금 이 공간에서 심사를 기다리는 논문의 양이 실로 어마어마하다는 생각이 들기 시작했다.

서랍에 들어 있는 내용물을 알게 되면서 어느 화려한 교수 연구실에서보다 치열하게 자신의 분야를 고민하는 큰 학자의 모습이 다가왔다. 그런데 이렇게 많은 논문을 언제 다 읽고 분류하고 관련 학자에게 심사를 의뢰하는 걸까. 그때 그의 낡은 책상 위에 일사불란하게 늘어서 있는 심사대기 논문이 눈에 들어왔다.

"늘 퇴근하기 전에 다음 날 아침 심사할 논문을 순서대로 책상 위에 정렬해둡니다. 출근해서 가장 머리가 맑을 때 작업을 시작하고 한두 시간 이내면 논문들의 심사 방향을 거의 정할 수 있지요. 오후에 같은 양의 일을 하는 것은 거의 불가능합니다."

이분이 들려준 비법이었다. 이후로 나는 저녁 일을 마무리할 때 습관적으로 다음날 처리해야 할 일을 정성껏 순서대로 정리해둔다. 이것을 반복하다 보면 다음 날 아침 해야 할 일의 양, 순서와 방향까지 함께 가늠할 수 있다. 아울러 책상에 앉으면 지연 없이 일에 집중할 수 있다. 명확하게 인지한 지도를 가지고 길을 찾는 사람처럼, 거침없이 일의 중심을 향해 걸어갈 수 있다.

19세기 후반 이탈리아 경제학자 빌프레도 파레토Vilfredo Pareto가 제시한 파레토의 법칙, 즉 '80 대 20' 원칙이 이 상황에 잘 부합되리라. 하루의 20%에 해당하는 4~5시간되는 정도 양질의 작업이 하루 전체 성과의 80%라는 것이다. 이후 나는 좀 더 많은 여유 시간을 갖게 되었다. 후덕한 산타클로스를 닮은 대가가 누리는 여유로움은 양질의 시간 사용에서 가능했구나 하고 깨닫게 된 순간이었다.

독립하기 전에 아이에게 이러한 좋은 습관을 붙여주기 위하여 내 경험을 들려주었다. 그리고 몇 가지 실천사항을 함께해보았다. 먼저, 잠자리에 들기 전에 내일 아침에 해야 할 공부와 과제를 책상 위에 정리하도록 한다. 이때 공부의 목표, 순서, 양이 잘 설정되도록 이야기를 나누면서 조언하였다.

아침에 아이를 깨워서 책상 앞에 앉히고, 전날 늘어놓은 공부 거리에 집중하게 하는 것은 처음에는 몹시 지난하고 어려운 일이다. 그래서 아이들이 초등학교에 다닐 때는 아침마다 따뜻한 코코아를 끓였다. 잠이 덜 깼어도 따뜻하고 달콤한 코코아가 주는 행복감으로 잠에 대한 미련을 잘 이겨내 주었다.

이때 아이들은 인터넷 강의로 미진한 과목도 듣고, 전날 책상 위에 정리해둔 공부 거리도 살펴보았다. 인터넷 강의를 들을 때면 나도 코코아를 한 잔 들고 아이들 뒤에서 같이 듣는다. 행복은 이렇게 찾아오는가 보다.

고등학교에 입학하고 과제와 공부 거리가 많아지면서 잠자리에 드는 시간이 늦어졌다. 자연스럽게 아침에 일찍 일어나는 것이 어려워지고, 좋았던 습관이 없어지면서 조급한 일상을 맞게 되었다. 지금도 아이에게 좋은 습관을 찾아주고 싶은 마음이 굴뚝 같다. 인생에서 가장 바쁜 고등학교 시절이 가고 독립해야 할 시점이 오면 꼭 다시 이야기하고 싶다. 우리가 같이 마시던 코코아와 아침 강의, 그리고 전날 책상에 놓아두었던 과제들에 대해서!

젓가락으로
짚어가며 익혔던
글로벌 마인드

사회인을 대상으로 하는 강좌에서 물류物流, 물건의 흐름를 주제로 강의할 기회가 있었다. 나는 강의를 시작하자마자 나에게 익숙한 용어를 청중에게 쏟아붓기 시작했다.

"세계의 문명 또는 문화는 찬란히 발현된 지역에서 상대적으로 그렇지 못한 곳으로 자연스럽게 전파되어갑니다. 이때 사람과 물건의 이동이 수반되며, 현대에 들어와서 이 흐름은 더욱더 대규모로 이루어지고 있어요. 그런데 멀리 돌아갈 수밖에 없는 곳이 두 군데 있었죠. 인류는 결국 바다와 바다를 연결하여 물건이 흐르는 길을 만들어냈습니다.

첫 번째가 지중해와 홍해 및 인도양을 잇는 길이 162.5km의 수에즈 운하로서 1869년에 완성되었습니다. 런던-싱가포르 항로의 경우, 종전에는 남아프리카 공화국 케이프타운을 돌아가는 노선이었는데, 총 길이가 2만 4,500km였습니다. 하지만 런던-수에즈 운하-싱가포르라는 길을 이용하면 1만 5,027km밖에 안 됩니다. 획기적인 지름길이 생긴 거죠.

또 하나 인류사의 기념비적인 공사는 태평양과 대서양을 잇는 전장 64km의 파나마 운하인데, 1914년 8월 15일에 완성되었습니다. 좀 다른 특성이 있는 물류 병목 구간도 있죠. 대표적으로 지브롤터 해협과 말라카Malacca 해협을 들 수 있어요. 이곳에는 선박과 사람, 물자가 넘쳐납니다."

한참을 이야기하다가 강의실 분위기를 살펴보니 아무래도 어려움이 감지된다. 문제는 내가 설명하고 있는 지역이 대략 어디에 있는지조차 도통 감이 안 잡히는 사람들이 대부분이었다는 점이다.

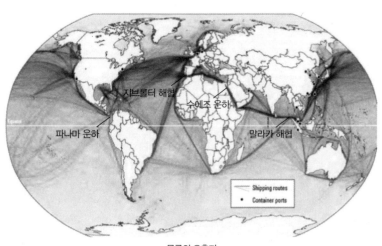

물류의 요충지

"자, 그래서 숙제예요! 오늘 집에 돌아가면 식탁 크기만 한 세계 지도를 구해서 식탁 유리 밑에 깔아두세요. 예쁜 장식은 당분간 치워두시고요. 그리고 식사하면서 오늘 들었던 지명을 젓가락으로 짚어가며 익히고 오셔야 합니다."

내가 지도에 대해 신선한 충격을 받았던 것은 처음 미국에 출장을 갔을 때였다. 한반도가 가장 잘 보이는 곳에 그려진, 우리나라 사람에게 친숙한 세계전도만 보다가 다른 아이디어로 만든 세계전도를 접하게 된 것이다. 미국이 세계 중심에 있는 지도! 이 지도는 나에게 충격이었다. 이후 유럽이 중심에 있는 세계전도를 보면서 우리와는 다른 세계인의 생각을 알 수 있었다. 그리고 세계적인 문제는 한쪽의 일방적인 아이디어만으로 해결되지 않는다는 평범한 진리도 함께 깨달았다.

이후 지도에 대한 나의 사랑은 업무 공간에서도 이어졌다. 양치질을 하면서도 멍하게 '제4차 국토 종합 계획'이 표시된 우리나라 대형지도를 쳐다본다. 짧은 시간이지만 이걸 3년 정도만 하면 우리나라 구석구석이 머릿속에 훤하고, 좀 더 훌륭한 아이디어와 국토 개발 발상이 떠오르기도 한다.

외국 지리도 마찬가지다. 한 번은 중국 출장을 다녀와, 대형 중국 지도를 액자로 만들어 벽에 걸었다. 이 역시 수년을 두고 한가할 때마다 여기저기 훑어보고 있다. 처음에는 지도 안팎을 의미 없이 바라보는 수준이지만, 계속할수록 쳐다보는 곳의 궤적이 생기고 특정 지역이 익숙해진다. 그러다 보면 통찰력 있는 계획이 떠오르기도 한다. 내가 항상 목표로 삼고 있는 '세계적 마인드 함양하기'는 이런 가벼운 실천을 통해서도 조금씩 이룰 수 있다.

이런 나의 경험을 아이들에게 접목한 것은 초등학교 입학 이후였다. 내 전공이 물류인 탓도 있지만, 우리 집 식탁 바닥에는 일찌감치 세계전도가 깔려 있었다. 세계전도를 보면서 세계 이곳저곳을 아이들과 젓가락질하며 재미난 이야기를 같이 나누었다. 밥상지도 위에서 세계의 정치, 경제, 사회 이야기를 쉽게 나눌 수 있었고, 복잡한 설명이 필요한 경우에는 젓가락뿐 아니라 밥그릇, 국그릇, 반찬 접시까지 동원하면서 아이들에게 설명하기 위해 안간힘을 썼다. 아이 방의 한쪽 벽에도 세계전도를 걸어두었다. 지역에 대한 궁금증이 생길 때마다 눈만 돌리면 쉽게 찾아볼 수 있었기를 바라서였다.

벽에 걸린 대형지도를 마주하고 성장한 아이들과 관심 있는 지역에 대해 이런저런 이야기를 나눌 미래를 꿈꾼다. 생각과 시각이 깊어지고 넓어진 아이들과 어깨를 나란히 하며 세계를 바라보고 싶다.

강좌가 끝날 무렵 수강생들의 집에도 세계지도가 많이 깔렸다. 이분들의 가정에서도 '행복한 지도 보기'가 매일매일 이루어지기를 소망한다.

평생 아이를
지켜주는 습관,
금전 관리

미국에 잠시 머물 기회가 있어서 대학과 담장 하나 사이에 있는 한국인 노부부의 집에 하숙한 적이 있다. 조그마한 동네 슈퍼에 갈 때도 자동차 시동부터 걸어야 하는 미국에서 이처럼 훌륭한 안식처를 찾는 것은 거의 불가능에 가까운 일이다.

주인댁 노부부도 참 넉넉하고 따뜻한 분들이어서 주말마다 대학에 유학 온 학생들을 초대하곤 했고, 일요일 점심때면 타국살이의 시름을 잊을 정도로 시끌벅적하고 정겨운 광경이 연출되었다. 이 집에 찾아오는 학생들과 낯이 익기 시작한 몇 주 후부터는 스스럼없이 대화를 주고받을 정도가 되었고, 자연스레 이런저런 인생 상담이 이루어졌다.

대학 재학 중에 잠시 어학연수를 온 학생과 나눈 이야기는 아직도 가끔 되뇌어진다. 학생은 어학연수 중에 전에는 미처 가져보지 못했던 대학생활에 대한 의욕과 학문에 대한 열정을 느꼈다고 했다. 외국 생활에 적응하는 과정에서 어려움을 호소하기에 십상인 일반적인 사례와 비교해볼 때 대견스럽기 그지없는 경우다.

흐뭇한 마음을 갖고 있는데 학생이 고민을 털어놓기 시작했다. 미국으로 대학을 옮겨 공부를 계속하고 싶어서 대략 졸업할 때까지 필요한 돈을 따져보고 이 결심을 부모님께 말씀드렸단다. 며칠을 고민한 부모님은 가정형편을 솔직히 이야기해주었고, 이러한 상황을 전해 들은 학생은 크게 고민하고 있었다. 여기까지는 충분히 이해가 되고 상담을 해야 할 소지도 많았다. 그런데 학생에게 들은 다음 말은 순식간에 나를 혼란으로 몰아넣었다.

"저는 지금까지 우리 집이 그렇게 가난한지 몰랐어요."

대견한 학생에서 철부지 아이로 둔갑하는 이 상황을 어떻게 받아들여야 할지 훌륭한 아이디어가 떠오르지 않았다.

그 후 우리 아이들과 비교해가면서 곰곰이 생각해보았다. 과연 부모의 경제 상황을 언제 어디까지 어떻게 알려주어야 할까? 과연 아이들에게 꼭 알려야 하는 일인가? 부모와 아이 사이에 어떤 준비가 필요할까? 많은 고민을 거친 후 내린 결론은 일찍부터 경제관념을 갖게 하고, 이를 바탕으로 독립적이고 자주적인 금전 취급능력을 몸에 붙여주는 것이 필요하다는 것이었다.

수많은 정보를 취합했지만 막상 우리 아이들에게 적용하기에는 쉽지 않았다. 머릿속으로 시행해보고 지우기를 여러 번 거듭한 끝에 가장 간단한 방법을 집어 들었다. 바로 초등학교부터 시작한 '용돈 수첩 적기'다. 수입, 지출, 잔액 항목만 있는 간단한 양식을 만들어서 파일로 저장해두고 필요할 때마다 출력해 사용할 수 있도록 했다. 그리고 매주 일요일에 부모와 함께 점검해보고 용돈을 받는 간단한 방법이다. 하지만 아이들은 이런 간단한 양식을 채우기 위해 많은 고민을 해야 한다.

먼저 수입을 어떻게 만들어갈 것인가가 문제였다. 돈이 얼마나 귀한지 체득하게 하려고 용돈을 일시에 주는 방식은 지양했다. 그래서 정한 것이 '용돈을 버는 행동'과 '용돈을 잃는 행동'이다. 용돈을 버는 행동은 가정에 도움을 주는 청소, 부모님 돕기, 스스로 정리하기부터 학업에 관련되는 매일 책 읽기, 성적 향상 등이다. 특히 성적과 관련된 부분은 좀 더 세분화하여 성취와 보상을 함께 느끼도록 배려했다.

용돈을 잃는 행동은 처음에는 형제끼리 싸우기, 양치질하지 않기 등 아이들이 하지 않았으면 하는 소소한 것에서 출발해, 고학년이 되어가면서 점점 복잡하고 많은 항목이 추가되었다. 주중에는 잘한 것과 고쳐야 할 사항이 생길 때마다 아이들에게 환기해주고, 용돈 수첩에 표시하게 했다. 일요일 저녁에는 아이들과 모여 앉아서 용돈을 정산하는 과정을 거쳤다. 대부분 용돈을 받는 행동이 많았고 이런 부분은 크게 칭찬해주었다. 용돈을 잃는 행동에 대해서는 다음 주에 꼭 고치도록 조언하였다.

　아이들은 용돈을 스스로 정당하게 받는다는 뿌듯함을 느꼈고, 돈을 아껴 쓰는 슬기로운 지혜도 함께 기를 수 있었다. 부모가 고성을 지르지 않더라도 스스로 바른 행동을 하는 좋은 계기가 되었다. 용돈이 조금씩 쌓이면서 지출에 대해서도 일정 부분 책임을 갖도록 하였다. 책이나 노트를 살 때 전체 금액의 일정 부분을 부모와 함께 내게 하여, 현명한 지출이 부모에게 큰 도움을 줄 수 있다는 뿌듯함과 건전한 소비의 중요성을 함께 느끼도록 하였다. 중고등학교 시절에는 친구 관계에서 지출되는 비용에서 시작하여 가족 대소사에 조금이라도 기여하게 하는 것까지 확대해, 돈의 소중함과 현명한 지출의 필요성을 알게 하는 데 주력하였다.

　아울러 몇 년 동안 모은 용돈을 소중하게 보관하고 저축의 기쁨을 맛보게 하려고 이자에 대해 설명해주었다. 은행별 이자율, 안전성 등을 따져보고 어느 은행에 맡기면 좋을지 같이 분석했다. 이후에 아이와 같이 머니 마켓 펀드Money Market Fund, MMF를 개설하고, 금전출납이 가능한 카드를 발급받고 인터넷 등록시스템을 구축하여 용돈을 본인 스스로 실시간으로 관리하게 하였다. 은행 출납기를 통하여 남거나 부족한 용돈의 입출금이 가능해지면서 아이들은 좀 더 어른스러운 금전 지출을 하게 되었다. 인터넷으로 통장에 붙는 이자를 확인하면서 몹시 신기해했다.

　고등학교에 진학하면서 돈이 본인뿐만 아니라 다른 사람과도 관련될 수 있음을 경험했다. 몇 달 치 용돈에 해당하는 큰돈을 친구에게 빌려주고 전전긍긍하는 아이를 보면서, 또 다른 현명한 교육 방법을 고민하고 있다.

날짜	들어오고 나간 내용	들어온 돈 (수입)	나간 돈 (지출)	남은 돈

용돈 수첩 샘플

통장돈=290000+80000=370000 ↳2008/08/16

2008/09/14~
=370000+80000=450000

450000+40000=490000 ↷2008/11/23

490000+40000=530000 ↷2008/11/30

530000+30000
=560000 ↗2008/1?

560000+40000
=600000 ↗200?

38000

용돈수첩
(2008. 11. 23 부터)

날 짜	들어오고 나간 내용	들어온 돈(수입)	나간 돈(지출)	남은 돈
11/23	큰아빠 +할머니 &할아버지	50000		88000
11/23	통장 저금		40000	48000
11/30	부산 할머니,할아버지&삼촌	40000		88000
11/30	통장 저금		40000	48000
12/07	어제 피자 & Muffey		12000	36000
12/13	할머니 &할아버지	20000		56000
12/13	기록안된 돈들		3000	53000
12/13	존한테 빌린돈		1000	52000
12/14	Math & Spanish	6000		58000
12/14	Language Arts	1000		59000
12/24	Christmas present	20000		79000
12/24	저금		30000	49000
1/17	돈체크 (어제 문화상품권)			34000
1/17	친할아버지 & 큰아빠	50000		84000
1/17	저금		40000	44000
1/25	새뱃돈	10000		54000
1/29	어제 외할머니 &할아버지의 세뱃돈	20000		74000
1/29	오늘 군것질		1000	73000
1/31	할아버지	10000		83000
1/31	어제 케이크		10000	73000
1/31	Mufty		2000	71000
2/07	Merit Roll	10000		81000
2/07	Chicken HI		1000	80000
2/11	Indoor shoes		7000	73000
2/11	동전저금통으로 이동		1000	72000
02/11	피자		5000	67000
02/11	채드 생일 선물		10900	56100
02/11 02/13	저금		100	56000
	Mufty		1000	**55000**
02/14	큰엄마 &할머니	40000		95000

용돈 수첩 실제 작성 예

044

우리 아이들이 어른이 되고 독립을 하게 되면 필시 엄청난 금전 관리의 어려움에 직면하게 될 것이다. 그것은 우리 집이 이렇게 가난한지 몰랐다는 충격일 수도 있고, 지출의 달콤함에 먼저 길들여지는 모습일 수도 있다. 하지만 학창 시절에 부모와 함께 손잡고 금전 관리법을 몸에 체득한 아이는, 최소한 부모의 염려 범위 내에서 현명하게 지출하는 믿음직한 모습을 보여줄 것이다.

앞의 '용돈 수첩 샘플'은 우리 아이들이 초등학교부터 쓰기 시작한 용돈 수첩의 실제 모양이다. 매주 아이에게 한 장씩 나누어주고 일주일간 생긴 수입과 지출을 적게 했다. 주말에 함께 모여 용돈 수첩을 살펴보면서 금전의 흐름을 파악하도록 했다. 아울러 한 주간 '잘한 일'과 '잘못한 일'을 같이 격려하고 조언하는 시간으로도 활용하였다.

옆의 '용돈 수첩 실제 작성 예'는 둘째 아이가 중학교 시절 작성한 용돈 수첩이다. 2004년부터 시작했으니 대략 4년 정도 지난 시점의 수첩 중 한 부분이다. 대부분의 수입은 가족들에게서 발생했지만, 지출은 4년 동안 교육 효과가 있었던지 제법 규모 있게 사용하고 있다. 특히 일정 금액의 현금 이외에는 이자가 붙는 통장으로 입금하는 점, 가족모임에서 피자나 치킨을 사 먹을 때 일정 부분을 본인이 지출하는 점, 학교생활에 필요한 잡비는 본인의 용돈에서 지출하는 점, 친구에게 돈을 빌려주고 기재하는 점은 성숙한 소비자로서 기틀을 잡아가는 흐뭇한 모습이다.

첫째 아이는 대학 진학 후 부쩍 지출이 늘었다. 유학생활을 하고 있다는 힘든 상황을 고려하여 지출에 대해 냉정하게 잡아주지 못한 것에서 비롯되었다. 돈을 사용하는 항목을 잘 기재해두고 규모 있게, 적어도 통장이 바닥나지 않게 쓰라는 부탁도 소용없었다.

대학에 입학한 지 세 달 정도가 흐른 후, 아이에게 다시 초심으로 돌아갈 것을 권유하고 초등학교 시절 사용하던 용돈 수첩 파일을 이메일로 전송했다. 매주 월요일에서 금요일까지 사용한 항목과 금액을 적고, 토요일 가족 전화회의에서 같이 논의하자고 제안했다. 다소 충격이 있었는지 한 달이 지난 이후부터는 현저하게 지출이 줄고, 예상 범위 내에서 소비가 이루어지는 것을 확인할 수 있었다.

반듯한 글씨에서
반듯한
태도가 보인다

여름방학이 시작될 무렵 외국 대학에 재직 중인 교수님을 초청할 기회가 있었다. 세미나 발표를 마친 다음 날 아침, 감사한 마음을 전하기 위해 그분이 묵고 있는 호텔로 향했다. 만나기로 한 카페에 도착하자 커피를 마시며 무언가 바쁘게 읽고 기록하는 교수님이 보였다. 가까이 다가서서 무엇을 하시느냐고 물었더니 기말고사 답안지를 채점 중이라고 했다.

인문, 경상 계열은 단답형이나 오지선다형으로 문제를 내지 않고, 대부분 "무엇에 대하여 기술하시오."라는 서술형이기 때문에, 한 학생의 답안지가 보통 몇 장씩 이어지는 장문일 경우가 많다. 몇 장만 마무리하겠다고 잠시 양해를 구하는 상황이어서 옆에서 채점하는 모습을 편안하게 지켜보고 있었다. 그러다 몇 가지를 발견하게 되었다. 어떤 답안지는 비교적 빨리 채점하는 데 비하여, 어떤 답안지는 미간을 찌푸리며 다음 문항을 채점하다가 이미 채점한 앞 문항을 다시 살펴보기도 하면서 상당히 시간을 소모했다. 채점을 마친 후 그분은 이렇게 말했다.

"필체에 따라 시험 성적이 좌우되지는 않아야 합니다. 중요한 것은 답안의 내용이지요. 하지만 정말 내용을 알아보기 어려운 답안, 그러니까 내용을 확인할 수 없는 필체가 있어서 안타깝습니다. 교수생활을 오래 하다 보면 여러 형태의 필체에 익숙해져서 대부분 어려움을 해결하지만, 가끔 확인할 수 없는 필체를 만나기도 합니다. 시원스럽게 쓴 예쁜 글씨는 채점하기가 참 쉽습니다. 반면에 얼굴을 찌푸리며 앞뒤 글자를 맞추어야 의미를 알 수 있는 글씨도 있지요."

신언서판身言書判[1]을 중시 여겼던 시절, 글씨는 사람을 판단하는 중요한 잣대 중 하나였다. 그리 멀리 가지 않더라도 대학 시절 정인으로부터 받은 연분홍 꽃 편지에 쓰인 곱디고운 글씨는 얼마나 사나이 가슴을 흔들었던가. 군대에 대한 기억은 모두 회색빛이지만 분홍빛 편지봉투에 선명히 자리했던 그녀의 이름은 어제 일처럼 생생하다. 답장을 쓰는 손편지에는 또 얼마나 정성을 들였던가.

---

1 인물을 선택하는 데 표준으로 삼는 4가지 조건. 신수, 말씨, 글씨, 판단력을 뜻한다.《당서唐書》〈선거지選擧志〉에 의하면, 신身은 풍채가 늠름하게 생겨야 하고, 언름은 말을 정직하게 해야 하며, 서書는 글씨를 잘 써야 하고, 판判은 문리가 익숙해야 한다고 했다 〈한국고전용어사전〉 참고.

그 시절 부단하게 글씨 연습을 했기 때문인지는 몰라도 개성 있고 훌륭한 필체를 가진 젊은이들이 유난히도 많았다.

하지만 요즘은 상황이 많이 바뀌었다. 손편지보다는 이메일로 대신하고, 리포트도 출력하여 제출하니 개인의 글씨체는 시험 답안지에서나 접하게 되었다. 문제는 내용을 알아볼 수 없을 정도로 난해한 필체를 가진 학생이 점점 많아지고 있다는 사실이다. 내 경험상 답안지를 채점할 때 대략 30% 정도는 성인의 글씨가 맞는지 의심하게 되고, 대략 5% 정도는 내용을 알아보기 힘들다. 상황이 이 지경이면 대학에서 시험 성적을 받는 일은 그래도 작은 일에 속할 것이다. 앞으로 먼 인생 항로에서 숱하게 글씨로 본인을 표현할 일들에 비하면야.

대학 시절, 손편지를 잘 쓰기 위해 고민하다가 나름대로 고안한 방법이 있다. 필체가 정말 좋은 동기 녀석의 노트 한 권을 입수하여 책상 머리맡에 붙여놓고 한 자 한 자 따라 쓰는 것이다. 이런 노력을 거쳐 그래도 그럭저럭 나만의 글씨체를 가질 수 있었다.

요사이에는 이런 고민을 해결해주는 교육기관도 제법 많다. 글씨체 교정이라는 키워드만 검색해도 다양한 업체를 확인할 수 있다. 우리 아이가 필체 때문에 불이익은 당하지 않았으면 좋겠다. 키보드만 두드리면서 많은 작업을 컴퓨터에 의존하지만, 그래도 반듯한 글씨체를 가진 젊은이로 키우는 것이 아빠의 또 하나의 의무는 아닐까.

난감하고 어려울수록
아빠가 나서야!
성교육

"내 나이 일흔, 사업도 괜찮게 일구었고 목표했던 일도 성취했는데 내 마음대로 안 되는 게 있더라고. 아이들 있잖아, 아이들은 정말 내 마음 같지 않더구먼."

가까운 친척분에게 들은 하소연 섞인 한탄이다. 세상에 마냥 잘되고 늘 쉬운 일이 어디에 있겠는가. 모든 일은 애정과 시간을 투자하며 가꾸어가야만 조그만 결실이라도 기대해볼 수 있다. 이 모든 일 중에 단연 품을 많이 들여야 하는 일을 꼽으라면, 그것은 바로 아이를 바르게 양육하는 문제다.

어느 출장길에 나와 세대가 같은 동년배 아빠들을 만나 이런저런 이야기를 나눌 기회가 있었다. 일에 관련된 이야기를 주로 했던 낮의 분위기와 다르게, 저녁에 맥주 한 잔을 앞에 두고는 자연스럽게 아이들 이야기로 옮겨갔다. 때로는 어렵고 답이 없는 여러 가지 상황에 직면하게 되니 고통스럽고 힘들다는 이야기였다.

서로 나누었던 걱정거리 가운데 몇 가지는 즉석에서 해결방안을 교환하고 정보도 나누면서 활기차게 대화를 이어갔다. 굵직한 사안인 학원, 입시, 성적 등에 대해서는 엄마들만큼 디테일하지 못하지만, 나름대로 굵은 선을 그으며 해결방안을 공유했다. 문제는 아이들의 '성교육'에 이르렀을 때였다. 갑자기 말수가 준 것은 이렇다 할 방안도 경험도 내놓기 어려운 주제였기 때문일 것이다. 청소년 자녀가 부모와 같이 출연해 성에 대해 이야기하는 한 방송 프로그램이 떠오른다.

"여자에겐 유치원 때부터 관심이 많았는데 사춘기에 접어들면서 여자보다 성에 관심이 많아졌어요."

"13살 때 친구 소개로 야동을 처음 봤는데 신세계였어요."

이렇게 솔직하게 이야기하는 아이들을 보면서 웃음이 터졌다. 아이들은 이렇게 빨리 직설적으로 성에 다가서고 있는데, 아빠는 너무도 천천히 간접적으로 문제 해결을 도모하고 있으니 늘 사후약방문死後藥方文식 처방밖에는 될 수 없는 것이 현실이다.

어느 날 까까머리 남학생들 사이에 책 한 권이 소란스럽게 돌고 있었다. 학교에 책을 가지고 온 녀석은 반에서 잘 나가는 친구였고, 우리는 녀석을 통해 이성에 대한 궁금증을 상당 부분 해결하고 있었다. 이 친구가 가져오는 소위 야한 책은 아이들의 동공을 사정없이 확대시키는 충격 그 자체였다. 요즘 아이들이 접하는 것에 비하면 소탈하기 그지없지만, 이것을 본 친구와 접해보지 못한 친구는 대화가 안 될 정도로 엄청난 파괴력을 가지고 있었다. 이렇게 아날로그적으로 호기심을 해소하는 데 그쳤던 우리 세대와 비교하면, 요사이 아이들은 컴퓨터를 사용해 너무나 간편하게 무한대로 접근이 가능하다.

우리 집 역시 사안의 심각성을 인지했던 시점은 가족들이 같이 사용하는 컴퓨터에서 이상한 흔적을 발견하면서부터다. 인터넷의 유해성을 걱정했던 우리 부부는 거실에 작업 공간을 만들었다. 이곳에 가족 공용 컴퓨터와 프린터를 설치해두고, 컴퓨터 작업은 공개된 거실에서만 하는 것을 원칙으로 했다. 개인 공간에서 노트북을 사용하는 것도 금지했다. 하지만 무차별적으로 인터넷에 노출된 야한 사진이나 연결 링크는 의식적이든 무의식적이든 아이들을 신세계(?)로 데려갈 수 있는 위험을 항시 내포하고 있다. 한창 사춘기를 겪고 있는, 성에 대한 호기심이 왕성한 아이에게 자제력으로 이 모든 유혹을 넘기라고 하기에는 무리가 있지 않은가.

심각성을 인식하고 해결방안을 찾는 데 부심했다. 이런저런 다른 이야기는 식탁에 앉아서 할 수 있었으나, 성을 주제로 한 대화는 왜 그리도 난처하던지. 곰살맞게 설명해주고 교육도 해주는 프로그램이 없는지 찾기 시작했지만 해답을 찾지 못했다. 몇 군데 수소문 끝에 인터넷 성교육 프로그램을 구입하는 데 성공했으나, 이

것을 아이가 혼자 보게 해서는 크게 도움이 될 것 같지 않았다.[2]

아빠에게도 대단한 용기가 필요했다. 결국 아이와 같이 인터넷 강의 듣기를 시도하였다. 강의에서는 자위, 야동, 성관계, 오르가슴, 몽정 등 나와 부모 세대 간에는 절대 공유하지 않았던 단어가 나오고 있었다. 아이와 아빠 모두 처음 몇 회는 어색함 때문에 어쩔 줄 몰라 했지만, 횟수가 거듭되면서 조금씩 익숙해졌다.

또 다른 걱정거리는 숙제와 공부로 늦은 시간까지 있어야 하는 아이에게 컴퓨터로 야동을 접하는 것을 어떻게 피하게 할 것인가였다. 그래서 컴퓨터 사용 시간 조절, 음란물 차단, 사용 내용 확인이 기본적으로 제공되고, 쉽게 지워지거나 아이들의 의지로 무력화되지 않는 소프트웨어를 설치하였다.[3] 프로그램 설치 사실을 아이들에게 알리고 컴퓨터 사용에 관한 원칙을 공유하였다. 이후 우리 집의 공용 컴퓨터에서 더는 이상한 흔적을 발견할 수 없었다.

자녀교육이 어렵다고 느낄 때는 부모가 직접 말해주기 난감하고 어려운 부분이 있을 때다. 그렇다면 강좌 프로그램에 같이 참여하면서 아이와 자연스럽게 소통해보는 것은 어떨까? 부모는 보다 현명하게 문제에 접근할 수 있고, 아이는 성에 대해 올바르게 인식하게 될 것이다.

---

2 인터넷 강의는 구성애의 성교육 포털 '아우성'을 활용했다. **www.aoosung.com**
3 소프트웨어는 '엑스키퍼'를 구입하여 사용했다. **www.xkeeper.com**

여백이 있는
여행이
감동으로 남는다

대학 강의는 수업이 진행되면서 서로가 익숙해져서인지 후반부로 가면 갈수록 집중력이 저하된다. 이때 결정적으로 흐름을 바꿀 수 있는 구원투수는 역시 '재미있는 이야기'다. 여기에 어찌 다른 나라 이야기가 빠질 수 있겠는가. 눈을 반짝이는 학생들에게 슬며시 이야기의 서두를 꺼낸다.

"정말 아름다운 대자연 앞에 서면 기분이 어떨까요? 참 신기하게도 눈물이 나더라고요."

학생들은 이야기 속으로 빠져들고 그렇게 지루할 것 같은 수업은 재미 삼매경으로 향한다.

고등학교 초입부터 시작되는 대학 진학에 대한 부담감으로 수증기를 뿜어내는 압력솥 같은 형국이던 학창 시절, 그래도 한 줄기 바람처럼 신선한 기억은 수학여행이다. 그저 교실에서 잠시 벗어나 자유롭고 홀가분했다는 것 외에도, 여행 중 보았던 모든 것이 어찌 그리 새롭고 신선하던지. 동공을 잔뜩 열고 가슴 가득히 자유를 느꼈던 그 시절의 추억은 지금도 마음의 오아시스처럼 반갑고 아련하다.

해외여행 자유화가 시작되기 전이었던 대학 시절에 해외여행은 대다수 젊은이에게는 해당이 없는 남의 이야기였다. 취업에 대한 압박이 심해지고 늘 현실의 쳇바퀴에서 맴돌고 있는 젊은이들에게 정신적으로 조금이라도 자유롭게 해준 것이 있다면 그것은 '여행 상상'이었다.

1990년이 가까워지면서 우리나라도 해외여행 자유화를 맞게 되었다. 많은 사람을 들뜨게 한 열풍 같은 해외여행이 나에게도 찾아왔다. 배를 타고 캐나다 밴쿠버 항으로 입항하면서 긴 강을 따라 거슬러 올라가고 있었는데, 강가의 집들은 어찌 그리 동화 속에서 본 그대로인지! 강물에 투영되는 끝을 알 수 없는 늘씬한 삼나무는 일렁이는 물살과 함께 지금도 마음속에서 물결친다.

하와이에서의 나른하면서도 푸근한 휴식, 일본의 작고 정제된 느낌, 미국을 움직이는 다양성, 홍콩의 화려함과 그 이면 등 하나의 여행이 추가될 때마다 책에서는 맛볼 수 없었던 선명한 느낌이 가슴에 새겨졌다. 이 소중한 감정은 메마른 일상을 감동이 있는 빛나고 아름다운 세상으로 느끼게 해주기에 충분했다. 잠시 여행의 추억에 잠기는 것만으로도 감성이 풍성해지곤 했다. 기복이 없는 안정적인 심리 상태를 갖게 해주어 업무와 대인관계가 원만해졌다.

우리 아이들이 이런 좋은 느낌을 좀 더 빨리 가지면 얼마나 좋을까? 하지만 생각을 실행에 옮기기까지는 제법 시간이 오래 걸렸고, 아이들은 벌써 초등학교 고학년이 되어 있었다. 아이가 부모와 함께하는 여행에 선뜻 따라나서는 것은 초등학교 때나 가능하다는 게 주변의 중론이었다. 그도 그럴 것이 재미있는 게임을 하거나 친구들와 어울리는 시간이 즐겁지, 부모의 잔소리를 며칠 동안 피할 방법 없이 들어야 하는 여행이 어찌 탐탁하겠는가.

함께 여행해야겠다고 마음먹은 순간 아이들은 벌써 훌쩍 자라버렸고, 게임 이상으로 즐거운 여행을 만들자니 노하우가 없었다. 마음이 급해지면서 몇 번의 주말을 유명 관광지 중심으로 여행해봤지만, 아이에게도 부모에게도 가슴의 감동으로까지 다가서지는 못했다. 그래도 집에서는 느낄 수 없는 신선한 바람을 분명하게 피부로 감지할 수 있었다.

아이에게 좀 더 다가서는 여행은 어떻게 할까? 이후 몇 차례의 시행착오와 궁리를 거치며 얻은 결론은, 아빠가 준비를 많이 해야 한다는 것과 호기심 정도라도 좋으니 아이에게 최소한 여행지에 대한 정보를 미리 알게 해야 한다는 사실이었다.

여행을 계획하면서 아이에게 관련 책자나 인터넷 자료를 찾아보게 하였다. 여행지를 소개한 안내책자가 있으면 최소한 그 부분이라도 읽어보도록 배려하였다. 이 방법은 아빠 주도로 끌고 가는 여행에 비하여 확실히 효과가 있었다. 여행지에서 책의 내용을 눈과 귀로 확인하면서 과거와 현재를 맞추어보는 재미가 쏠쏠했다.

하지만 상상만 해도 가슴의 답답함을 뚫어주던 나의 여행을 아이들에게도 느끼게 해주고 싶다는 처음의 취지와는 조금 괴리감이 있었다. 어떻게 하면 아이들의 가슴에 여행에 대한 추억으로 가득한 오아시스 하나를 만들어줄까. 떠올리기만 해도 즐거움이 가득한 오아시스를.

그런데 유학으로 외국에 체류하면서 우리와는 다른 여행 패턴을 접하게 되었다. 유명 관광지를 찾고 기념사진을 찍고 바쁘게 다음 관광지로 향하는, 우리 가족이 익숙한 여행과는 다르게 책 몇 권 챙겨서 좋은 풍광이 있는 산이나 들, 강가에서 삶을 누리는 여행을 발견한 것이다. 그러고 보니 여행을 몰아서 한꺼번에 해야 한다는 강박 때문에 가장 중요한 '여유'를 생각하지 못했다. 이런 깨달음 끝에 드디어 가족과 함께 여유가 넘치는, 삶의 오아시스 같은 여행을 할 수 있었다.

여행에 여유를 생각하면서부터 즐거운 경험과 추억이 참 많이 생겼다. 독일 국도를 따라가면서 본 끝없는 밀밭 풍경, 해바라기가 하염없이 펼쳐져 있던 이탈리아의 시골 마을, 비 온 뒤 지평선을 향해 달리던 프랑스의 이름 모를 국도까지 선명하게 마음에 다가섰다. 이제 유명 관광지보다는 아이와 함께 떠오르는 해를 볼 수 있는 가장 높은 곳, 새해 아침의 어느 산봉우리, 바닷가에서 며칠간의 안락한 휴식을 먼저 선택하는 혜안을 갖게 되었고, 그곳에서 잔잔한 음성으로 아이들에게 마음에서 나오는 조언을 해줄 수 있게 되었다.

우리 아이들이 독립하기 전, 가슴에 마르지 않는 추억의 오아시스를 하나씩 만들어줘야겠다. 지금도 기억이 선명하다. 이른 아침 스코틀랜드를 달리다 잠시 내려 바라본 자연 풍광에 코끝이 찡해지던 순간이. 그때 황홀한 자연 앞에서 거짓말처럼 눈물이 흘렀다. 아이들의 추억이 부모의 추억과 같은 그림이 되기를 간절히 희망한다.

높은 곳에서
바라보면
다른 것이 보인다

여행은 꼭 집에서 먼 곳으로 떠나야 할까? 가족여행을 계획할 때 가장 먼저 떠오르는 생각은 자동차를 타고 멀리 떠나든가 근교에 가더라도 무언가를 해야 한다는 것이다. 아이들이 며칠간 수업이 없었을 때, 이곳저곳 여행지를 물색하다 그만 집에 주저앉았다.

"이것이 바둑에서 말하는 장고長考 끝에 악수惡手구나!"

하지만 닥친 상황을 모면해야 하는 아빠의 절박한 심정 때문에 서울 남산에 가자고 설득하기 시작했다. 때는 한겨울이었으니 가족의 동의를 얻기는 힘들었지만, 같이 가기만 하면 대단한 추억이 될 거라고 내심 자신했다. 출장길에 보았던 도쿄도청 스카이라운지의 야경과 타이완 101빌딩의 화려한 밤 경관은 지금도 잊히지 않는다. 야경을 바라보던 연인과 가족들의 담소, 웃음 같은 삶의 감흥이 그 높은 타워 안에 가득했기 때문이다.

하지만 높은 곳에서 '야경 바라보기'는 의외로 밤에 올라가면 싱겁기 그지없다. 경험에 의하면 여기에도 즐기는 순서가 있다. 먼저 날씨와 일몰 시각을 확인해야 한다. 일몰 한 시간 전에 미리 도착하여 도시 전체를 조망한다. 이후 도시 위에 떨어지는 은은한 낙조를 감상하면서 채색을 바꾸는 도시를 다시 한 번 음미하고 화려한 야경으로 마무리해야 온전한 관람이 될 수 있다. 몇몇 유명한 타워에서 얻은 경험을 바탕으로 드디어 가족과 함께 N서울타워 구경에 나섰다.

일몰 한 시간 전에 도착한 N서울타워에서 바라본 서울은 또 다른 감흥으로 다가선다. 한강을 기준으로 위쪽과 아래쪽이 있고, 위쪽의 위엄 있는 산맥 아래에 포근하게 위치한 서울을 아이에게 천천히 설명해준다. 동쪽의 아차산 방향에서 서쪽의 상암동, 일산 방향까지 아이와 함께 부드러운 시선으로 그리고 나직한 음성으로 서울을 이야기한다.

다시 한강 아래쪽에 위치한 서쪽 끝 인천에서 여의도를 지나 잠실 방향까지, 유명한 랜드마크를 짚어가며 아이와 함께한다. 이후 오디오 해설기를 하나 빌려서 아빠의 설명에서 놓친 재미있는 이야기를 아이와 함께 나눈다.

해가 지기 전 아이에게 도시 전체의 모습을 마음에 담게 하고, 아이가 다니는 학교, 사는 곳, 알고 있는 곳들을 자연스럽게 매핑 mapping하게 한다. 내가 두 발로 서 있는 곳, 그리고 도시에 대한 현실감이 아이의 마음에 잘 자리 잡기를 기대한다면 이때 정성을 많이 기울여야 한다. 설명이 무르익을 때쯤 도시에 드리우는 낙조는 그저 한 폭의 명화같이 아름답다. 카메라 셔터를 누르면서 사진을 마음으로 인화하는 느낌은 몇 마디 말로는 설명하기 어렵다.

이제 커피와 핫초코 등 각자 개성에 맞는 음료를 가지고 가장 편안한 자리에서 야경을 맞이할 차례다. 어둠이 어슴푸레 다가올 때는 극장에서 영화가 끝났을 때와 같은 허망함이 떠다닌다. 커피 향이 후각과 미각을 거쳐 가슴 한편에 머무를 때쯤 되면, 도시의 희미하던 가로등이 점점 자기 색깔을 발하기 시작한다. 마치 조그마한 불꽃으로 시작한 아궁이의 불이 발화하여 조금씩 영역을 넓혀가듯이 그렇게 도심의 야경은 시작된다. 어둠이 짙어질수록 도시의 불빛은 또렷해지고 화려함을 더해간다. 허망함을 대신할 밤의 생기와 들뜸이 느껴진다. 낙조를 보면서 편안하게 커피 컵을 말아 쥐었던 손에 다시 생기가 가득하다.

마음이 열릴 때 아이와 부담 없이 생생한 대화를 나눌 수 있다. 밤에 꽃이 개화하는 모습을 함께 하염없이 바라보고, 마음의 바닥을 툴툴 털어 생생하게 이야기를 건네보자. 정겨움과 고마움이 도시의 불빛만큼 가슴속에 가득할 것이다.

높은 곳에 올라갔다 온 후 며칠 내에 꼭 커다란 지도를 가져다 놓고 아이와 함께 매칭하는 작업을 하자. 서울 전도를 하나쯤 마련하여 전망대에서 같이 이야기했던 곳을 하나씩 더듬어보자. 어렵지 않게 주변과 친숙해지고 더불어 지리, 역사 지식도 전달할 수 있다.

"다른 도시에 가더라도 꼭 큰 지도를 하나 사서 틈나는 대로 살펴보렴. 생각의 영역이 많이 넓어질 거야."

먼 훗날 부모의 품을 떠나 어느 도시에 가더라도 아이가 잘해낼 수 있으리란 믿음이 생긴다.

2장

자신을 지키려면
뿌리가 튼튼해야 한다

펼쳐진 파라솔 아래에서

인도양을 향해 넓게 펼쳐진 파라솔 아래에서 근심 없이 텅 빈 마음으로 바다를 응시합니다. 그리고 마음에 '가족'이라는 단어만 올려봅니다.

우리는 얼마나 소중하게 맺어진 인연입니까. 사랑으로 맺어진 엄마와 아빠, 세상 무엇보다 소중한 사랑의 결실인 아이들! 우리는 얼마나 값지고 복된 만남입니까. 온 힘을 다해 사랑하며 살아야 할 이유가 충분합니다.

한편으로는 한 세대의 지혜와 삶의 지식을 온전하게 아이들 세대로 전달해주어야 하는 막중한 책임도 함께 느낍니다. 부모 세대의 원숙함과 아이들 세대의 풋풋함이 합리적으로 조화되는 모습을 그려봅니다.

치열한
자기노력에는
무한감동이 있다

해외 학회발표에 참석했을 때였다. 오랜만에 만나 궁금한 것들이 많아서인지 오전 학회 등록을 전후해서 참석자 대부분이 참새 떼처럼 이리저리 몰려다니며 못다 한 이야기를 채우고 있었다. 커피와 비스킷을 들고 반가운 얼굴과 맛난 이야기를 할 수 있다는 것이 학회의 최대 장점이었다. 책이나 논문에서만 보던 저명한 학자들과 이야기를 나누고 발표도 듣는 일은 생생한 감동을 느낄 수 있는 색다른 경험이었다.

특히 이날은 평소 만나고 싶었던 대가의 이름을 이미 프로그램에서 확인해둔 터라 기대감이 한층 더했다. 대가의 발표 시간은 오후로 예정되어 있어서, 오전 시간은 편한 마음으로 다른 발표자들의 연구내용을 들었다. 오전 발표 중에 잠시 티타임이 있었고, 이때 처음으로 대가를 우연히 만나게 되었다. 짧은 휴식 시간이라 간단한 인사밖에 나누지 못했지만 넉넉하고 후덕한 인상을 받았다. 내가 생각했던 대가의 모습은 골기가 서려 있는 눈빛이 매섭고 학풍이 선연한 분이었는데, 어쩐지 후덕한 모습을 보니 과거의 경력과 명성 때문에 사람들에게 회자되는 것 아닐까 하는 생각이 들었다. 그래서 슬그머니 기대치를 낮추고 있었다.

점심시간이 되면서 학내 이곳저곳과 학교 인근의 작은 카페에 삼삼오오 모여 이야기꽃을 피우고 있는 참석자들을 만날 수 있었다. 그런데 빗줄기가 잠시 지나가면서 야외에 있던 사람들이 모두 건물 안으로 이동했고, 시끌벅적하던 주변이 정리되었다.

그때 주변 사람들 때문에 잘 보이지 않던 조그마한 카페가 내 시야에 드러났다. 그 찰나는 지금도 잊히지 않는 모습으로 남아 있다. 내리는 빗줄기로 차양에 맺힌 빗방울이 카페 앞을 하염없이 적시는데, 차양 끄트머리 경계쯤에서 한없이 몰두하며 오후 발표를 준비하던 대가의 모습이 선명하게 다가왔다. 편하게 몰입하고 있는 대가를 보면서 나의 얕은 오판은 순식간에 걷혔다.

허명도 아니고 과거의 경력에 머무르는 유명세도 아님을 대가의 발표를 들으면서 다시 한 번 느꼈다. 자타가 공인하는 대가임에도 치열한 자기 노력과 연습, 최선을 다하는 자세는 얼마나 무한한 감동을 주는가. 이날 대가는 기대했던 것보다 훨씬 값진 시간을 선물해주었다. 후덕하고 편안한 모습은 즐겁게 사기 일에 몰입할 때 발생하는 행복한 엔도르핀 때문이었으리라!

이날 대가에게 받은 감동은 이후 나의 행동에도 영향을 주었다. 전에는 귀찮게 여겼던 연습 과정을 즐겁게 받아들이게 되었고, 이후 결과는 나뿐만 아니라 나를 평가하는 이들까지 행복하게 해주었다. 박사 학위 과정 중 치러야 하는 해외 학술대회 발표 시에도 이러한 프로세스를 적용해보았다. 발표일보다 몇 주 전에 발표 원고를 작성해두고, 여유 시간이 있을 때마다 즐겁고 행복한 마음으로 다양한 표정을 섞어가면서 발표 연습을 했다. 발표 당일이 되자 오히려 나의 발표가 기다려졌다. 발표를 듣는 사람들과 교감을 나눈다는 느낌에 집중할 수 있었던 것은 순전히 이러한 연습이 가져다준 결과였다.

유학기간이 정리되면서 마지막으로 중요한 과정에 다다랐다. 학위논문을 최종 디펜스하는 구술 면접시험Viva, Oral Examination 당일에 있었던 일이다. 결과에 따라 학위논문을 받지 못할 수도 있는 중요한 시간이었지만, 발표장에서 이상하리만큼 냉정함을 유지할 수 있었다. 지난 몇 주간 치열하게 발표와 심사위원 구두 질문에 답변을 준비해온 이유도 있지만, 당일 아침 겪었던 놀라운 경험 때문이기도 했다.

그날은 평상시보다 조금 이른 아침부터 준비를 시작했다. 지난 학위 과정기간 동안 진행했던 연구가 마치 영상이 지나가듯 스쳐갔고, 질문에 대해 준비했던 몇 주간의 연습자료는 영상 곳곳을 잠시 멈추는 역할을 하면서 선명하게 모든 것을 되새길 수 있게 해주었다. 연습이 순조롭게 진행되어 논문의 결론 부까지 준비를 마쳤을 때는 이미 학교에 도착해 있었다. 집을 나선 뒤 길을 걸어 발표장이 있는 학교까지 도착하는 과정은 평상시 입력된 행동 패턴에 따라 움직였으리라. 놀라우리만큼 행복한 몰입은 당락을 떠나 그 순간 가장 만족스럽고 행복한 사람이 되게 해주었다.

우리 아이들에게 연습과 몰입, 그리고 여기서 느끼는 행복한 감정, 그에 따르는 축복된 결과를 어떻게 알려줄까? 취업을 준비하며 프레젠테이션을 하게 되었을 때, 한편으로 떨리기도 하고 혼자만의 조용한 공간에서 준비하는 시간을 가져야겠다고 생각했다. 하지만 달리 생각해보면 아이에게 준비하고 연습하는 모습을 생생하게 보여줄 좋은 기회가 될 것 같기도 했다.

발표장 근처에 편안한 숙소를 정해놓고 가족과 함께 여행 가듯이 그곳으로 떠났다. 아이들에게 어떤 발표를 어떤 목적으로 할 예정인지도 알려주었다. 차로 이동하면서, 숙소에서, 음식을 먹으면서 수시로 연습하는 모습을 보여주었다. 물론 처음에는 나도 어색하고 아이들도 낯설어했지만, 열심히 준비하는 아빠의 모습이 아이들에게 전달되기를 간절히 기대하며 연습하는 모습을 되풀이해 보여주었다.

나 자신도 혼자 와서 연습하다가 발표하러 가는 것보다 훨씬 가슴도 훈훈하고 안정되어 갔다. 원하던 직장에 취업하고 난 후, 가족들과 가끔 그때를 기억해본다. 아이들이 '몰입과 연습'이 얼마나 아름다웠는지를 기억해주었으면 하는 마음이 간절하다. 아이들이 독립하기 전에 이 소중한 경험과 뿌듯한 감정을 가슴속 가득 담아가길 소망한다.

아빠의 인생에서
가장 도움이 된
조언

영국 체류기간에 대학에서 겪은 일이다. 영국은 시내 여기저기 산재한 건물에 단과대학이나 종합대학이 많은 까닭에 대학 건물이 시내에 나와 있는 경우가 많다. 보통 1층에 호텔의 리셉션 같은 전체 안내부스가 있고, 층별로 학과에 필요한 개방형 리셉션을 가진 구조다. 하루는 복도를 지나는데 학생들이 초조한 표정으로 줄을 서서 기다리는 모습이 보였다.

느긋하기 이를 데 없고 당당하기 그지없는 평상시 학생들의 태도와는 사뭇 달라서 관심을 가지고 상황 파악에 나섰다. 시간이 오전 11시 정각에 가까워갈수록 수납을 받는 대학 직원과 줄을 서 있는 학생 간에 큰 소리가 오갔고, 이윽고 일부 학생들은 손에 들고 있던 문서를 돌돌 말아서 직원을 향해 던지는 모습도 보였다. 이상하기 짝이 없는 이 현장은 마감 시간이 정해져 있는 대학생들의 리포트 제출 광경이었다.

그 당시 우리나라 대학에서 리포트는 성적의 많은 부분을 차지했기 때문에 마감 시간을 넉넉하게 주고 제출하게 하는 것이 일반적이었다. 제출은 수업 시간에 이루어지기도 하고, 수업 시간에 미처 내지 못한 학생들은 머리를 긁적이며 연구실에 찾아가 제출하기도 했다.

리포트 제출 시기만 되면 어찌 그리 컴퓨터가 고장 나고, 프린터는 작동을 안 하는지. 갑작스러운 사고로 컴퓨터에 저장은 되어 있는데 꺼낼 수 없다는 학생이 속출하고, 부디 며칠만 말미를 달라는 학생이 매번 꼭 생겼다. 매 학기 반복되는 이런 교묘한 우연과 필연은 즐거운 전설처럼 회자되기도 했다.

이도 저도 자신 없는 학생들의 리포트는 제출기간이 한참 흐른 후에 연구실 아래 문틈으로 유령처럼 고개를 내밀고 있는 경우도 있었다. 여기까지는 그래도 귀엽고 위트가 있지만, 인터넷이 발달한 요즘은 좀 더 각박하고 살벌한 통지를 보내는 학생이 종종 있다. 제출 시간에 늦은 괘씸죄에도 불구하고 리포트는 이메일로 발송하고, 발송 사실은 덜렁 휴대폰 문자로 통보하는 깔끔함을 보여주기도 한다. 이렇게 영악한 학생이 많아지는 추세와 더불어 리포트를 받는 교수의 엄격함도 비례해서 늘어나는 경향은 흥미로운 대학의 단상이다.

우리나라의 이런 모습을 떠올리며 이상하기 짝이 없는 영국 대학의 리포트 제출 광경을 연관시키려니 도무지 딱 맞아떨어지지 않았다. 하지만 관리방식을 듣고 나자 학생들의 행동이 이해되기 시작했다. 영국 대학에서는 정해진 시간까지만 대학 직원이 교수별로 부과된 리포트를 수납받는다. 이때 리포트를 제출한 학생, 담당 교수, 제출 시간을 명확히 기록한다. 마감 기한이 지나면 수납도 기록도 되지 않는다. 물론 시간 내에 제출하지 못한 학생은 학점을 못 받게 된다. 상황이 이러하니 줄 서 있는 학생들은 얼마나 급하고 초조하겠는가. 마감 시간이 임박하면서 뒤편에 서 있던 학생들은 제발 리포트를 받아달라며 직원을 향하여 투척을 감행했던 것이다.

이런 모습을 접하면서 아이에게 시간 관리 습관을 길러주어야겠다고 생각했다. '코리안 타임'이라는 시간 개념은 이미 사라졌다고 가정하고, 연령대별로 약속 시각에 어떻게 대응하는지 살펴보면 재미있는 사실을 발견하게 된다.

정해진 약속이 중요한 일이고 약속 시각 전에 꼭 도착해야 한다는 전제하에, 젊은이들은 대개 스마트폰을 무기로 출발지점과 도착지점 간의 대중교통 수단을 순식간에 찾고 소요시간을 계산해낸다. 심지어 지하철 몇 호선, 몇 번 차량, 몇 번 출구까지 정보를 확인하니 그 엄밀함이야 이루 말할 수 없다.

중장년층으로 가면 첨단장비를 활용한 정밀한 계산 대신 좀 더 일찍 출발하는 경우가 많다. 효율성 면에서는 젊은이들을 당할 수 없지만, 시간 내에 꼭 도착하는 정확성 면에서는 중장년층이 우세해 보인다. 이 두 가지 경우를 잘 보완하면 성공적인 시간 관리 모델을 아이들에게 제시할 수 있겠다고 생각했다.

골프를 좋아하는 사람들의 이야기를 들으면 그 섬세함과 꼼꼼함에 혀를 내두르는 적이 한두 번이 아니다. 페어웨이, 러프, 벙커, 날씨 등에 따라 거리 계산 방법이 달라지는데, 그림 같은 골프장에서 머릿속으로 이런 엄청난 계산을 복잡하게 하고 있다는 것이 믿기지 않는다.

목표지점이 샷 하는 지점보다 오르막 또는 내리막에 있는 경우에는 각각 1m씩 더하거나 빼고, 러프에서는 긴 잔디의 저항을 생각하여 약 10% 정도를 더하며, 페어웨이 벙커에서는 약 20%의 저항을 고려한다. 날씨의 변화에 따라 거리의 차이도 생기는데 특히 비 오는 날에는 캐리와 런이 줄어들므로 대략 20% 정도 거리를 더 보고 공을 친다. 이렇게 신경을 써야 원하는 지점 근처에 무난히 안착시킬 수 있다.

아이들의 시간 관리에 이렇게까지 복잡한 메커니즘을 고려할 필요는 없지만, 그래도 여러 가지 대표 특성에 따라서 소요시간을 달리해야 하지 않을까 생각한다. 골프를 칠 때처럼 좀 더 고려해야 할 요소가 생기면 '여유 시간'을 가지고 미리 출발할 것을 이야기해주는 것이다. 월요일 아침 등교 시간은 좀 더 복잡하고 평상시와는 확연히 다르다. 대중교통을 이용할 때는 평상시보다 5~10분 정도 일찍 집에서 떠나게 한다. 비나 눈이 오는 날 역시 10~20분 정도 일찍 서두르게 한다.

특히 눈이 오는 날은 보통 때보다 좀 더 서두르게 하여 시간을 놓치는 일이 없게 한다. 눈 오는 날 평상시처럼 나섰다가 속절없이 길에 갇힌 일이 얼마나 많던가. 이런 경험을 아이들이 손해를 치르면서 배우기에는 그 대가가 너무나 크다. 일생일대에 중요한 대학 입학시험, 대학 면접시험, 그리고 중요한 약속은 또 얼마나 많은가. 월요일인데 눈이 오면 20~30분 정도는 일찍 나서야 현명하지 않을까.

약속 장소와 시간을 정하면 정한 시간에서 역산하여 걸어가는 시간, 환승 시간, 대중교통 시간 등을 계산하게 한다. 그리고 젊은 이들에게 가장 취약한 여유 시간을 반드시 고려하도록 한다. 친구들과의 약속은 5분 정도면 되겠지만, 약속의 중요도가 높을수록 여유 시간을 많이 더하도록 한다. 특히 시험이나 인터뷰 같은 일생의 중요한 모멘텀에서는 반드시 한두 시간 정도 미리 도착하게 한다. 미리 도착하여 숨을 고르고, 옷매무새도 단정히 하고, 차분히 가라앉힌 마음으로 시험과 인터뷰에 임하는 후보자는 좋은 결과를 가져올 확률이 높다. 이 점이 바로 젊은이들이 취약한 부분이다. 아이들과 같이 계산해보고 여유 시간도 따져보면 시간 관리에 좋은 영향을 줄 수 있다.

지금도 가끔 유학 초기에 나누었던 대화가 생각난다. "유학을 성공적으로 마치려면 무엇이 중요합니까?"라는 나의 질문에 선배는 "시간을 잘 지키는 것!"이라고 답했다. 유학생활 내내 이것이 얼마나 소중한 덕목인지 절감하면서 지냈다. 글로벌 시대에 우리 아이들은 외국의 젊은이들과 세계에서 경쟁할 것이다. 시간 관리 기술은 아이가 독립하기 전에 반드시 익혀야 할 필수사항이며, 이것이 바탕이 되었을 때 세계의 젊은이들과 당당히 맞설 수 있을 것이다.

시간 관리에 대해 아이와 교감하면서 겪은 몇 가지 사례가 있다. 겨울철이 되면 아이들 등교 시간은 아수라장을 방불케 한다. 추운 날씨에 아이들이 평상시처럼 일어나기가 쉬울 리 없고, 10~20분의 여유 시간을 가지고 집에서 출발하기가 참 어렵다. 2012년 2월 2일, 아침 기온이 영하 15도 정도에 체감온도는 영하 20도나 되는 추운 날씨였다. 평상시 아침 7시에는 집을 나서야 하는데, 이날은 6시 40~50분 사이에 집을 나서는 것이 좋을 것 같아 열심히 재촉했으나 오히려 평상시보다 늦게 등굣길에 나섰다.

등교한 지 40분 정도 후에 아이에게서 전화가 왔다. 급격히 떨어진 기온 때문에 앞서 가던 지하철이 멈추어 섰고, 학교에 지각할 것 같다고. 아이에게 학교에 도착할 다른 대안을 이야기한 후 방송에서 전철 사고 내용을 접했다. 아이가 평상시 교육처럼 좀 더 일찍 출발했다면 열차 사고 시간대를 피해 늦지 않게 학교에 도착했을 것이다. 모든 사람이 공통으로 느끼는 어려운 상황에서는 여유 시간을 챙겨서 출발하는 현명한 아이가 되게 하자.

둘째 아이가 대학에 입학할 때 작성한 에세이 가운데 "인생에서 받은 조언 중 가장 기억에 남는 것은 무엇이고, 이 조언이 어떻게 삶을 변화시켰는가"를 기술하는 문항이 있었다. 다음은 아이가 작성한 내용 중 일부다. 정말 감사하게도 아빠의 뜻이 잘 전해졌다. 아이의 몸짓과 행동에서 부모의 생활철학이 묻어나올 때 무한한 감사와 기쁨을 느낀다.

My parents told me this advice: Always plan ahead and make right decisions. They told me to think deeply about what this advice means. ⋯⋯ And for something that is difficult or important, I had to start taking actions earlier. I also noticed that by planning ahead, I can have fun while completing tasks slowly and meticulously. By dividing time I have well, I could draw out my full potential.

부모님은 언제나 미리 계획하고 올바르게 결정 하라고 조언하셨다. 그리고 조언의 뜻을 깊이 생각해보라고 말씀하셨다. ⋯⋯ 힘들거나 중요한 일이 생기면 나는 평상시보다 빨리 행동에 착수했다. 이 때문에 서두르지 않고 천천히, 그리고 꼼꼼히 일을 처리하면서 즐거움도 가질 수 있었다. 시간을 잘 나누어 사용하면서부터 나의 잠재력을 충분히 활용할 수 있었다.

고등학교 3학년에 접어들면서 둘째 아이의 삶은 더욱 바빠졌다. 저녁 늦게까지 이런저런 해결해야 할 일을 정리하고 나면 늘 수면이 부족했고, 아침 등교 시간은 아슬아슬하기 이를 데 없었다. 평상시 잘 대처하던 아이가 그날따라 늦장을 부리기 시작했다. 결국 출발한 지 한 시간 후에 친구 휴대폰을 이용해 문자가 왔다. 휴대폰을 분실했다는 것이다. 사연인즉, 늦어서 일정 구간 택시를 탔는데 정신없이 돈을 지불하고 학교 정문으로 가는 사이 휴대폰이 택시 좌석에 떨어지고 말았단다. 사소한 지각에 얼마나 당황할 수 있는지 같이 느껴볼 수 있었다. 다시 한 번 아이에게 조금 더 계획적으로 미리 출발하라고 조언했다.

대학에 진학한 첫째는 세 번 결석하면 학점을 못 받는 엄격한 규칙을 체감하고 있다. 리포트도 철저하게 시간을 체크하여 제출해야하는 엄밀한 시간 지키기의 중요성을 직접 느끼고 있다.

수첩 관리만
잘해도 행복이
다가온다

초등학교가 '국민학교'라고 불리던 시절, 방학은 아이들에게 천국과 다름없었다. 요즘처럼 학원의 구속 같은 것이 없던 때라 방학은 그야말로 공부와 멀어질 수 있는 절호의 기회였다. 하지만 천둥벌거숭이처럼 자유를 만끽하던 꼬마들에게 다가오는 개학일은 두려움 그 자체였다.

가장 해결이 안 되는 큰 고민은 매일매일 일어난 사건과 감정을 기록해야 하는 일기 쓰기였다. 요즘에는 지나간 날씨를 모조리 찾는 일이 식은 죽 먹기지만, 당시 아이들에게는 불가능에 가까웠고 날씨만이라도 적어둘걸 하는 깊은 후회를 하기도 했다.

중학교에 들어가면서 방학 중의 골칫거리였던 일기 쓰기 숙제는 없어졌다. 아마도 상급학교 진학과 연관되거나 중요하다고 생각되는 과목을 방학 중에 집중적으로 공부해야 하는 현실 때문이었을 것이다.

대학 입학을 목전에 두고서야 무언가 성취한 것을 날짜에 표시하기도 하고 가위표를 처가면서 전리품처럼 남기는 일을 하기 시작했다. 당시 날짜 근처에 적었던 메모는, 얼른 힘겨운 시험에서 벗어나고 싶은 열망이 강했기 때문에 격렬한 구호에 가까운 격문이 대부분이었다.

대학 시절, 연초에 한두 번 1년 치 계획을 원대하게 세워본 적은 있으나, 격랑의 80년대라는 시대 상황 때문에 계획서에 매일의 잘잘못을 기록하는 일은 번번이 실패였다. 한 해가 저물 때가 되어서야 일기장을 준비하지 못한 채 개학을 맞은 '국민학생'마냥 마음이 스산해지기 일쑤였다.

수첩과 다이어리 적기에 시간을 할애하기 시작한 때는 아이러니하게도 자유가 구속된 군대에서부터였다. 정해진 규칙과 해야 할 일이 명확하고, 시간을 철저하게 지켜야 하는 군인의 일정은 자연스럽게 수첩을 꺼내 들고 메모하게 했고, 지나간 일과 해야 할 일을 수첩을 통해 확인하게 했다. 이렇게 수첩 사용하기에 습관을 들였고, 대학원 생활을 거치면서 나름대로 정교하고 세련되어졌다. 가끔 열어보는 대학원 시절의 수첩은 각종 연구 아이디어와 연구 일정으로 방금 쓴 것처럼 온기가 가득하다.

한 해를 마치는 12월에는 '수첩 다시 보기'를 시도한다. 매달 계획한 일 중에서 사선으로 표시하지 않고 그대로 해야 할 일로 남겨 둔 일들을 중요도에 따라 형광펜으로 표시한 후, 할 수 있는 일은 가급적 한 달 내에 마무리하려고 최선을 다한다. 다음 해 다이어리 가 나오면 득달같이 달려가 마음에 드는 '1년 지기'를 모셔온다. 12 월 내에 해결되지 않은 일들은 내년 수첩으로 옮기고, 가족 대소사 를 표시해두고 나면 마음에 어수선함이 사라지고 새해맞이가 한결 수월해진다.

처음 수첩을 쓰기 시작했을 때는 크기가 큰 것을 주로 사용했 다. 하지만 수첩이 생활의 일부가 되면서부터 점점 사이즈가 작아 지기 시작했고, 지금은 손바닥만 한 작은 크기로 변했다. 그리고 언 제나 펜과 함께 몸에 지니고 다닌다.

그럭저럭 꼼꼼하게 일 처리를 해내는 이면에는 수첩이라는 일등 공신의 덕이 상당하다. 수첩에 대한 사랑이 커진 언제부터인가 가 방에 3~4년 치 수첩을 함께 가지고 다니는 습관이 생겼다. 물론 기 억력이 신통하지 않은 이유가 가장 크지만, 지나간 세월의 흔적을 찾기에 이보다 훌륭한 정보원은 없다. 특히 수첩에 적혀 있던 아이 디어나 이루지 못했던 염원들을 당장 해야 한다는 조급증이 없어 졌고, 느긋이 일의 연속성을 찾아갈 수 있어서 너무나도 행복하다.

지금도 아이들에게 주는 선물 목록에는 다음 해 다이어리가 꼭 포함되어 있다. 다이어리를 만지작거리며 다음 해에 아이들과 함 께할 이런저런 일들이 너무 궁금하고, 때론 다이어리를 적고 계획하는 아이들의 모습을 떠올리면서 한편 대견스러움이 밀려든다.

하지만 요즘처럼 복잡한 세월을 사는 아이들이 수첩에 기록하면서 행복감을 느끼고, 지나간 시간을 돌아보며 성취감을 맛볼 수 있을까? 상대적으로 덜 복잡한 시대를 거쳐온 나도 성년 이후에나 습관 들인 수첩 쓰기를 우리 아이들이 바로 받아들일 수 있을지 아직 자신이 서지 않는다. 하지만 더없이 귀중한 한 해 한 해를 만들어 가야 하는 아이들을 생각하면 힘들어도 넘어야 할 또 하나의 산임은 틀림없다.

오래전 대규모 프로젝트에 같이 참여했던 한 공무원에 대한 기억이 생생하다. 평상시 회의에서도 유독 관련된 자료, 지나간 데이터와 숫자를 잘 기억해서 흐름을 잘 끌어주는 분이었다. 언젠가 현장에서 이루어진 시설 브리핑에서 높은 분들과 동행하는 것을 보았는데, 이때도 역시나 대단한 모습을 보여주었다. 브리핑하거나 가이드하는 사람도 쩔쩔매는 어려운 질문에 각종 자료를 척척 대면서 답변해내는 모습은 매력적이기까지 했다.

수년의 시간이 흐른 후 우연한 기회에 이분을 다시 뵐 수 있었다. 동석한 식사 자리에서 모두가 부러워할 만한 자리로 영전하셨다는 이야기를 들었다. 과거의 모습을 생각하면 당연히 그럴 만하다 싶었다. 그런데 식사 도중 전화를 받으면서 펼쳐놓은 이분의 수첩을 보고는 모든 것이 그저 당연한 일이 아님을 알게 되었다. 믿을 수 없을 만큼 작고 정밀한 글씨로 가득한 이분의 업무 수첩을 보면서 그제야 모든 것이 관통되었다. 놀랍도록 업무에 해박하고 척척 자료를 이야기할 수 있었던 이유는 바로 이분의 수첩에 있었다.

다가오는 새해에도 아이들에게 계속 수첩 쓰기를 강권할 생각이다. 수첩을 보면서 계획을 세우고, 수첩에서 계획한 일들이 완성되는 보람을 느끼고, 한 해의 행복을 설계하는 아이가 되었으면 하는 바람은 여전히 현재진행형이다. 아빠가 늦게 몸에 붙인 '수첩 사랑'을 우리 아이들은 꼭 독립하기 전에 지녔으면 좋겠다.

하지만 아이들에게 수첩 쓰기는 참 어려운 일인가 보다. 그저 숙제가 하나 더 늘었다고 생각하면, 수첩 적기의 선순환 기능은 사라지고 책임감만 가득할 것이다. 이런 점에서 수첩 적기는 며칠만 걸러도 1년 내내 담을 쌓게 되기 쉽다.

아이들에게 설날 세뱃돈을 건넨 후 자연스럽게 함께 둘러앉았다. 가족 구성원 모두가 수첩을 가지고 식탁에 둘러앉아 중요한 기념일부터 수첩에 기록하게 하였다. 양가 할아버지, 할머니부터 친척, 부모님의 생일과 중요한 행사를 해당 일자에 함께 기록한다. 어른들 생일은 음력인 경우가 많으니 이를 확인하는 방법도 가르쳐 준다.

가족 행사를 기록하면서 가장 중요하게 언급한 점은 행사를 대하는 어른스러움이다. 할아버지 생신이 다가오면 조금의 용돈이라도 모아서 생신 선물을 스스로 준비해야 함을 일깨워준다. 아빠가 어떻게 준비하는지 알려주는 것도 좋은 지침이 된다.

가족 행사를 모두 적고 난 후에는 각자의 스케줄을 이야기하면서 수첩에 서로 중요한 날로 기재하도록 한다. 이러한 작업을 거치면서 대략 언제 어떠한 일이 생길 것인지 알게 했고, 그날에는 친구들과 약속을 미루고 가족 행사에 참여해야 함을 알려주었다. 연간 계획표를 토대로 모두가 중요한 일자를 공유하고, 그날은 가족이 공동으로 참여하는 날로 인식했다는 데 큰 소득이 있었다. 아울러 수첩 내지에 있는 매일 계획 기입란에는 1년 계획에 따라 매일을 계획할 수 있도록 지도하였다. 이러한 습관은 아이가 학교생활에서 중요한 일정을 미리 준비하고 소화하는 데 큰 밑거름이 될 것이다.

순간의 실수가
치명적인 결과로,
데이터 백업

　대학원 학생들과 방학 동안 함께하는 방법론 수업은 치열하기 그지없다. 이 수업은 논문 작성을 위한 가장 중요한 과정인데, 학생들이 진저리를 칠 만한 계량기법들을 익히는 데 온 신경을 집중한다. 하루 8시간 정도 딱딱한 이론을 거듭 체화해가는 고통스러운 시간이 누구에게인들 쉽겠는가.

　방학 내내 힘들게 진행한 과정이 끝나갈 무렵이었다. 수업을 진행하며 발생한 데이터와 결과들을 USB 저장매체에 담아서 휴대하고 다녔는데, 마무리되어가는 즈음에 말썽이 나고 말았다. USB에 가해진 충격으로 USB가 인식되지 않는 것이다.

　데이터 백업만큼은 철저하게 하려고 노력하는 터라 아쉬움은 더했다. 데이터를 복원해주는 업체를 어렵게 수소문하면서 두 가지 사실에 놀랐다. 한 가지는 간단한 USB에서 대용량 저장매체까지 많은 사람이 다양한 이유로 소중한 정보를 잃어버린다는 사실과 그것을 살리는 데 엄청난 비용이 든다는 점이었다. 다른 한 가지는 복원 작업에 착수하더라도 전혀 복원되지 않는 것에서 완전히 복원되는 경우까지 다양한 사례가 있다는 것이었다. 불행히도 방학 동안 진행한 모든 노력의 결과는 전혀 복원되지 않았다.

이 일을 겪으면서 평소 알고 지내던 교수님이 겪은 고초가 떠올랐다. 지금처럼 인터넷이 없던 시절, 좀 더 정확히 말하면 이메일이 해외 학자들과 소통하는 최고의 수단이던 시절, 이분은 국제 학술대회를 준비하고 있었다. 준비 과정은 그야말로 거미줄처럼 복잡했다. 학술대회에 참석하는 발표자, 토론자, 사회자의 숙박 예약, 발표 프로그램 기획, 발표 원고 회수와 출판 등 잠시라도 긴장을 늦출 수 없었다. 특히 원고 회수와 출판은 발표자에게 여러 번 연락을 거듭하면서 학회에서 요구하는 원고 양식으로 맞추어가는, 꼼꼼한 일 처리가 필요한 가장 어려운 일이다.

그런데 준비가 거의 마무리되어가고 원고를 출판사에 넘기기로 한 며칠 전 문제가 발생했다. 컴퓨터 본체에 넣어둔 관련 자료가 바이러스에 감염되어 거짓말처럼 사라져버린 것이다. 교수님은 사람이 멍해지고 패닉 상태가 된다는 것이 무엇인지 절감한 순간이라고 하면서, 다른 한편으로 왜 잠시 짬을 내어 중요한 자료를 백업해두지 않았는가를 통절히 후회했다고 한다.

정말 그렇지 않은가? 전체 작업 과정에서 백업에 투자하는 시간은 그 할애 분량을 퍼센트로 따지기도 민망할 정도로 짧은 시간이다. 하지만 대부분은 '설마 내 컴퓨터에 별일이 있으려고', '내가 가지고 다니는 저장매체에 이상이 생길 리가', '글쎄 그런 일이 나한테 생길까?'라고 안이하게 생각하다가 엄청난 화를 자초하는 경우가 많다.

이후 패닉 상태에서 벗어난 교수님은 엄청난 고초를 겪으면서 꼭 필요한 몇몇 자료만 겨우 회수하여 학술대회를 간신히 치를 수 있었다. 이런 일을 한 번이라도 겪은 사람은 항상 백업의 중요성을 강조한다. 어떤 사람은 원본 데이터를 백업해두고 다시 백업 데이터를 백업하는 소위 삼중 백업을 습관화하고 있다.

나 또한 이런 경험이 있다. 국내 학술대회 발표 때 일이다. 발표 하루 전에 학회 준비요원에게 발표용 파일을 전달하고 전화로 확인하면서 발표 당일 컴퓨터에 설치해달라고 부탁했다. 휴대용 USB에 백업 자료도 준비하여 발표장으로 향했다.

잘 준비한 듯 보이던 발표장에서 이상 증후가 감지된 것은 행사를 준비하던 요원이 컴퓨터와 빔프로젝터를 연결하지 못하면서였다. 이윽고 발표 장소를 옆 강의실로 옮기게 되었고, 시간이 상당히 지체된 터라 옮기자마자 발표를 시작해야 했다. 미리 보내서 설치한 파일은 옆 강의실 컴퓨터에 있으니, USB에 담아온 자료를 열어서 발표하는 수밖에 없었다. 아니 그런데 새로 옮긴 강의실의 컴퓨터가 USB를 인식하지 못하는 게 아닌가. 읽히지 않는 USB 때문에 쩔쩔매던 나는 발표를 기다리는 청중을 앞에 두고 순간 모든 것이 나의 잘못이 되어버렸다는 사실을 직감했다. 결국 발표 자료를 화면에 띄울 수 없었고, 빈손으로 발표해야 했다.

발표가 끝난 후에 담당자를 원망해보기도 했다. 미리 자료까지 전달하면서 부탁했는데……. 하지만 조금 더 세심하게 백업해두었더라면 위기를 면할 수 있었다는 게 내가 내린 결론이었다. USB는 기종에 따라 인식이 안 될 수 있으므로 여분의 USB를 하나 더 준비한다든지, 인터넷에서 제공하는 저장소에 데이터를 올려두었다가 현장에서 다운로드를 받는다든지 삼중으로 백업이 필요했던 것이다. 중요한 발표일수록 더 많은 백업 도구를 지참해야 하는 것은 당연한 일 아니겠는가.

내게 닥쳤던 어려움과 주변 사람들의 험난한 경험에서 상기해볼 때, 백업은 걸리는 시간으로 따지면 거의 노력이 들지 않을 만큼 간단하나 백업을 하지 않아 벌어지는 일은 수습이 되지 않을 정도로 치명적이다. 아이들에게 백업을 강조하기 시작한 것은 제법 오래전이지만, 힘든 경험을 한 후에는 좀 더 체계적으로 백업을 습관화하도록 같이 노력했다.

먼저 자신이 생성한 데이터는 어디에서도 구할 수 없는 소중한 자산이며, 한번 사라지면 복원할 수 없다고 이야기해주었다. 그리고 매 학년 만들어지는 데이터에 어떻게 이름을 붙이면서 저장할까에 대해서도 충분히 이야기를 나누었다. 다음으로 컴퓨터에 저장한 데이터는 바이러스나 여러 가지 이유로 무용지물이 되는 경우가 있음을 알려주고, 외장 하드를 준비하여 정기적으로 백업해야 한다고 조언하였다. 매 주말을 '백업 데이'로 정하고 주중에 생성된 데이터를 안전하게 백업받아두기로 약속했다.

하지만 바쁜 일상을 보내다 보면 백업 데이를 놓치기 일쑤다. 아이들 역시 숨 가쁜 학업 일정을 소화하다 보니 백업에 드는 몇 분보다는 달콤한 휴식을 택하는 경우가 비일비재해졌다. 아이의 독립이 가까워질수록 이 소중한 습관을 몸에 붙여주어야 하고, 그러기 위해서는 아빠가 수시로 백업하는 모습을 보여야 한다.

첫째 아이가 대학에 합격하고 대학 준비물을 챙기면서 가장 먼저 생각한 아이템은 노트북과 외장 하드였다. 노트북의 편리함 이면에 숨은 이런저런 사고의 위험을 그나마 외장 하드 백업으로 커버할 수 있으리라는 기대 때문이었다. 아이는 지금까지 아빠가 해 온 이야기 덕분에 이 부분을 잘 이해하고 있었으며, 자연스럽게 본인이 필요한 크기의 외장 하드를 구매했다.

경험에 의하면 대학이나 대학원에서 작성한 자료 정도는 자주 외장 하드를 바꾸지 않아도 충분히 수용할 수 있다. 물론 취미생활에 필요한 음악 파일이나 동영상이 많은 경우는 제외한다. 이제 아이는 현명하게 본인의 자료를 잘 보관하여 곤경에 처하지 않고 일을 처리하리라.

자신만의 요리로
만드는
특별한 순간

영국의 스타 요리사 제이미 올리버Jamie Oliver의 방송 프로그램 〈제이미 키친Jamie's Kitchen〉을 보고 있노라면 항상 두 가지가 궁금했다. 어쩌면 저렇게 요리를 뚝딱뚝딱 잘 만들어낼까 하는 것과 요리 맛은 과연 좋을까 하는 것이다. 이 프로그램을 볼 때면 신명 나게 음식 조리대를 왔다 갔다 하면서 거침없이 요리를 선보이는 이 남자에게 꽤 후한 점수를 주게 된다.

간편식을 이용한 제이미의 '건강한 학교 급식 만들기'에 많은 사람이 절대적인 찬사를 보내고 있다. 특히 인스턴트 식품, 냉동식품과 레디메이드ready-made 식품에 질린 사람들이 지지를 보낸다. 영국정부 역시 인스턴트 음식이 아이들 급식에 사용되는 현실을 혁파하자는 데 의견을 같이하고 있다.

이런 측면에서 빨리 조리해 먹으려는 현대인의 사명에 절대적으로 충실한 요리를 선보이면서도 요리하는 재미와 맛, 영양을 동시에 제공하는 제이미에게 사람들의 시선이 모이는 것은 당연하다. 제이미는 누구나 할 수 있는 간단한 레시피를 소개하면서, 신선한 재료로 만드는 영양 만점 간편식을 선보인다.

언젠가 한 선배네 집에서 하룻밤을 보낸 적이 있다. 선배는 직장 때문에 주말부부로 지내고 있었는데, 주중에 혼자 기거하는 원룸은 딱 살아내는 공간이랄 수밖에 없는 삭막하기 그지없는 환경이었다. 선배의 강권으로 하루를 유하게 되었지만 괜한 짓을 했구나 하는 생각이 잠들기 전까지 계속되었다.

아침이 되었는지 딸깍딸깍하는 소리가 들렸다. 원룸에 남자 둘만 있는데 별 대수로운 일이 있을까 싶어 이내 잠을 계속 청하고 있는데, 다소 그럴듯한 냄새가 풍겨온다. 부스스 몸을 일으켜보니 선배가 이리저리 아침을 준비하고 있었다.

평생 부엌 근처에는 가지 않는 것이 남자의 도리라고 배우고 듣고 실천하던 나에게 신선한 충격이었다. 더구나 전자레인지를 사용해 만든 간편식 달걀찜은 단연 으뜸이었고, 이후로 오랫동안 식당에서 나오는 달걀찜에서 그 아침의 맛을 찾곤 했다.

유학 초기, 바쁜 학사 일정 속에서 학교에서 먹는 밥은 말 그대로 끼니를 해결하는 것이 목적이지 음미나 감상의 대상이 아니었다. 학교 식당에서 먹는 음식에서 정성을 느끼기는 어려웠다. 그런데 하루는 점심시간 무렵 학교에서 가까운 후배의 자취방에 갈 기회가 있었다. 남자 혼자 사는 공간이니 썩 기대하지 않았고, 스파게티를 해주겠다는 말도 크게 달갑지 않았다. 후배는 한동안 주방을 분주히 왔다 갔다 하더니 이윽고 스파게티를 프라이팬째 가져왔다.

기대 없이 밥상 한가운데 놓인 스파게티를 몇 가락 먹어보고 나서야 학교에서 사 먹던 그것과는 차원이 다르다는 것을 알았다. 큰 감흥이었다. 후배도 새삼스레 멋져 보였고, 지금껏 먹어본 스파게티 가운데 맛으로 상위권에 속할 만큼 즐거운 추억으로 남아 있다. 〈제이미 키친〉을 보면 이 후배가 생각난다. 다소 투박한 몸짓이지만 뚝딱뚝딱 간편식을 만들던. 그 간단한 손놀림에서도 향수를 달래기에는 충분했다.

할 일도 많고 배울 것도 많은 우리 아이들이지만, 맛있는 달걀찜이나 스파게티를 만드는 실력 정도는 갖추도록 해야 하지 않을까? 가끔 요리 시간에 간편식이 나오면 어떤 종류의 음식이 아이에게 도움이 될까 고민하게 된다. 소탈한 음식 준비에서 인생의 큰 행복을 느낄 수 있도록 부모의 안내가 필요하다.

간단히라도 음식을 해본 경험이 없고, 스스로 음식을 할 수 있다고 생각하지 않는 아이는 인스턴트 음식을 찾게 된다. 인스턴트 음식이 건강을 해치고 비만으로 이어진다는 사실은 이미 잘 알려져 있다. 조리대 근처에도 가보지 않은 남학생이 혼자 살게 된다면 과연 음식을 하려고 할까?

나 역시 학생 시절에는 요리라는 단어가 그렇게 생소할 수 없었다. 몸이 찌뿌둥하고 감기가 찾아올 것 같은 어느 날, 어머니가 해주시던 소고기 불고기가 그렇게 먹고 싶었다. 맛있는 고기는 물론이거니와 달짝지근한 양념 국물에 밥 한 그릇 비벼 먹으면, 감기도 떨어질 것 같은 기분이었다. 재래시장에서 소고기와 양념 소스를 사와 적당히 구우면서 만들어보려 시도했지만, 그날 나는 내가 만든 소고기 불고기를 먹으며 어머니를 간절하게 그리워했다.

요사이는 인터넷 손품만 팔면 다양한 자취 요리 레시피를 찾을 수 있다. 아이들이 고등학생이 된 후에는 짬이 나는 주말이나 방학 기간을 이용하여 간단한 음식을 만들어보게 했다. 한 주는 배우고, 다음 주에는 직접 조리해 가족들이 시식해본다. 아이들이 익힌 요리는 닭가슴살 요리, 비빔밥, 갈비, 김밥, 목살 스테이크, 토마토 오븐 스파게티, 계란말이, 김치찌개 등이다. 대학에 진학한 둘째 아들은 냄비 밥도 곧잘 한다. 혼자서도 음식을 해서 챙겨 먹는 둘째를 보면서 확실히 음식 만들기 교육은 필요하다고 생각했다.

설거지만 잘해도
세계평화가
온다

가족들과 독일 하이델베르크를 여행하면서 자동차 캠프장에 묵었을 때의 일이다. 설거지거리를 들고 공동 취사장에 갔는데, 30~40명 정도 되는 대학생이 아침 식사를 마치고 줄지어 서 있었다. 뭘 하는지 살펴봤더니 설거지를 하고 있었다. 그 광경을 보면서 우리 부부는 이내 벌어진 입을 다물지 못했다.

설거지는 이러했다. 모든 학생이 마치 짜기라도 한 듯이 취사장에 들어오면서 식판에 남은 음식물을 잔반통에 버리고, 식판을 커다란 물통에 한 번 푹 담가서 휘휘 저은 후에 건져냈다. 그리고 물기를 턴 후 타고 온 버스의 그릇 보관함에 넣는 것이 전부였다. 저 식판에 또 음식을 담아 먹는 건지, 도대체 몇 끼니째 저러는 건지, 앞으로 얼마나 더 있을 건지 물음이 꼬리에 꼬리를 물었다.

유학 시절, 기숙사 사감을 하던 한국인 대학생과 대화를 나누다가 다음과 같은 설거지 일화를 들었다. 기숙사에는 다양한 외국인들이 함께 생활하는데, 부엌 하나를 6~10명 정도가 같이 쓰는 형태에서는 식사 후 산더미처럼 쌓여 있는 설거지거리에 아연실색할 정도라고 했다. 저녁 식사 후부터 다음 날 아침, 심지어는 다음날 낮까지 방치된 주방의 모습은 아비규환 그 자체라는 것이다.

이러한 상황은 각자 자기가 가지고 있는 식기류가 총출동한 후에야 비로소 정리되기 시작했다. 때로는 그 많은 설거지 더미를 헤치며 그때그때 식사에 꼭 필요한 최소한의 식사 도구를 적당히 행구어 사용하기도 했다. 가끔은 더러운 식기류가 방치되면서 같은 공간에서 생활하는 동료 간에 시비가 오갔다.

이야기를 들으면서 무질서에서 자유를 즐기는 대학생들을 상상하며 미소가 번지기도 했지만, 우리 아이들을 돌아보는 기회도 되었다. 대학생이 되면서 시작하는 독립생활에서 설거지를 비롯한 정리 습관은 반드시 몸에 익혀야 한다. 자칫 감정싸움으로 번지기 쉬운 공동체 생활에서 아이를 보호하는 좋은 예방주사이기도 하다.

보편적인 한국 가정의 모습을 생각해보자. 대부분 가정에서는 식사를 함께하면서부터 설거지에 관련된 문제가 나타나기 시작한다. 엄마는 식사 준비가 끝나면 아이들을 부른다. 큰 아이를 부르고 이어 작은 아이를 부르고, 간간이 아빠에게도 와달라며 도와달라는 신호를 보낸다. 아무 기척이 없으면 아까보다 다소 높아진 톤으로 다시 같은 순서대로 식사 대열에 합류할 것을 요청한다. 미적거리며 자신이 하던 일에 미련을 못 버리는 가족을 향해 엄마는 절규에 가까운 일격을 가한다.

"식사 안 할 거야!"

이쯤 돼야 가족들이 바쁘게 식탁으로 모이기 시작한다. 이후 허겁지겁 식사를 마치고 그대로 몸만 쏙 빠져나간 식탁은 마치 광풍이 휩쓸고 간 자리처럼 어지럽다. 엄마는 산더미처럼 쌓인 설거지를 식사 준비하는 시간 이상으로 소비하면서 처리하기 시작한다. 이런 모습이 어디 한두 집뿐이랴. 이런 습관을 지니고 독립생활을 시작한 아이가 과연 어른스럽게 설거지 문제를 처리할 수 있을까? 이를 해결하기 위해 방안을 모색해보았다.

먼저 식사 준비가 거의 끝나고 엄마의 첫 호출이 있으면 가족들은 즉시 식사에 동참하도록 한다. 손을 씻고, 막바지 음식 준비에 바쁜 엄마를 도와 식탁을 닦고, 숟가락과 젓가락을 세팅하면서 엄마의 수고에 민첩하고 빠르게 반응을 보이는 것이 식탁의 평화를 위해 심히 중요하다. 이때 아빠가 식사 시간에 들면 좋은 음악을 틀면 금상첨화다. 아이들이 좋아하는 음악, 계절을 느끼기에 좋은 음악, 아이들에게 꼭 설명해주고 싶은 클래식 음악 등 다양한 장르를 준비한다.

음식을 조리 기구에서 식탁으로 가져오는 것을 돕고, 식사 시간에는 가급적 여러 이야기를 나누며 가족 간의 공감대를 넓힌다. 식사 후 본격적인 설거지가 시작되는데, 각자 사용한 식기류는 개수대로 가져가 남은 음식은 잔반통에 버리고 간단히 행구어둔다. 이러한 사소한 도움으로도 설거지를 해야 하는 엄마의 수고를 줄일 수 있다.

가족이 사용한 모든 식기가 개수대에 도착하면 순서를 정해서 설거지를 시작한다. 다음은 아이들에게 일러둔 설거지 방법이다. 먼저 설거지를 해야 할 그릇, 숟가락, 젓가락 등의 식기류를 살펴본다. 어느 것을 가장 먼저 씻을까? 물컵, 사과나 배를 담았던 깨끗한 접시, 기름기가 묻지 않은 그릇을 씻고, 나중에 기름기가 묻은 접시, 생선을 담았던 그릇 순으로 닦으라고 가르쳐준다. 그리고 기름기가 묻은 그릇과 깨끗한 그릇을 같이 포개두는 일이 왜 안 좋은지를 물어본다. 이제 아이들은 그렇게 하면 엄마의 일이 더 많아진다는 것을 알아챈다.

대략 이 순서대로 식기류를 분류하고, 고무장갑을 착용한 후에 뜨거운 물을 틀고 간단한 초벌 설거지를 한다. 그릇에 묻은 음식물을 뜨거운 물로 행구는 과정이며, 물컵이나 과일을 담았던 그릇은 이 과정에서 물기가 빠질 수 있는 그릇 개수대로 이동시켜도 좋다. 초벌 설거지 때 사용하는 뜨거운 물이 기름기가 묻어 있는 그릇을 거쳐서 가도록 하면 좀 더 시간과 노력을 줄일 수 있다.

초벌 설거지가 끝나면 세제를 묻혀서 기름기가 있는 그릇을 집중적으로 닦는다. 숟가락과 젓가락은 손으로 잡는 부분보다는 음식을 집는 부분을 중점적으로 닦아낸다. 설거지를 마친 후에는 행주를 잘 빨아서 세제가 군데군데 묻어 있는 개수대 주변을 닦고 정리한다. 특히 외국에서는 설거지 후에 마른 수건을 이용하여 그릇의 물기를 완벽하게 제거하는 과정을 중요하게 여긴다. 이 설거지 과정을 아이들이 참관하게 하면서 천천히 친절하게 설명한다. 중간중간 느낌을 물어보고 과거에 했던 행동과 비교하면서 개선점을 찾도록 한다.

아이들은 참 빨리 익숙해지고 금방 배운다. 이후에 설거지를 도와달라고 부탁하면 정말 놀라울 정도로 신속하게 어른처럼 처리해내곤 한다. 이렇게 교육받은 아이는 국제화 시대에 다른 나라 젊은 이들과 같이 섞여 지내도 전혀 문제없이 잘 적응할 것이다.

운동은 평생을
즐겁게 살도록
도와주는 친구

중년을 넘어서면서 연중행사로 치르는 건강검진을 받을 때면 이런저런 걱정이 앞선다. 웬만한 기계도 사람처럼 오래 작동하지 못하는 것이 이치인데, 정밀함에서 타의 추종을 불허하는 우리 신체가 이토록 오랫동안 대단한 성능을 발휘하는 것을 보면 이는 분명 신의 축복임이 틀림없다.

검사결과를 받아들면서 대학 시절이 떠올랐다. 단체생활을 해야 하는 대학 특성상 규율 속에서 4년을 보냈다. 매일 아침 6시부터 구보를 시작했는데, 8km 정도 되는 거리를 오와 열을 맞추면서 새벽공기를 갈라야 했다. 붉게 떠오르는 아침 해와 함께 싱그럽게 뜀박질하던 청춘의 편린이 아직도 머릿속에 생생하다.

이런 기억 때문인지 이제는 머리가 적당히 빠지고 허옇게 된 동기를 만나면 세월이 지나간 흔적을 절절히 느끼게 된다. 바쁜 생활

속에서 언제 운동인들 알뜰히 계획적으로 잘할 수 있었겠느냐는 하소연이 술잔 부딪히는 소리와 함께 잦아든다. 그럼에도 대학 동창들이 이구동성으로 하는 이야기는 그때 붉은 아침 해를 온몸으로 받으며 새벽을 달렸기 때문에 지금의 체력이라도 유지할 수 있고, 험난한 현실을 헤쳐올 수 있었다는 술회다. 이처럼 기초체력이 삶을 유지하는 데 중요한 관건임에도 나는 유년 시절부터 운동에 그다지 호의적이지 않았다. 가장 오래된 반감은 초등학교 입학 전으로 거슬러 올라간다.

여름철 개울가에서 하는 물놀이를 싫어하는 아이가 어디 있을까. 그저 얕은 물에서 등짝과 볼기짝이 까맣게 될 때까지 놀면 그만인 것을. 부모님이 절대로 가면 안 된다고 엄포를 놓은 깊은 물가에는 동네에서 제일 용감하고 수영을 잘하는 형들이 폼 나게 점프해서 개헤엄을 치고 있었다.

이 무렵 중고등학교 형들에게 우리 동네 근처에 생긴 수영장이 개천과는 비교할 수 없을 정도로 대단하고 근사하다는 이야기를 들었다. 수영장이라는 곳에 제법 흥미가 높아졌을 때, 드디어 형들을 따라 수영장에 가게 되었다. 하지만 처음 맞닥뜨린 수영장은 내가 상상하던 곳이 아니었다.

형들보다 한참이나 키가 작은 내게 수영장 깊이는 공포 그 자체였다. 가만히 서 있어도 머리를 물 밖에 내놓을 수 있는 형들은 수

영과 상관없이 신이 나서 야단이었다. 나는 내 키를 넘어서는 물 깊이에 겁이 나서 감히 근처에도 가지 못했다. 하지만 짓궂은 형들에게 표적이 된 나는 사정조차 말해보지 못하고 수영장 물속으로 던져졌고, 하염없이 물을 먹은 후에야 물 밖으로 나올 수 있었다. 안도와 함께 입에서 눈물과 콧물이 범벅된 비릿한 맛이 느껴졌다. 이후 물과 관련된 운동은 쳐다보지도 않았다.

초등학교 시절에 아이들이 가장 즐기는 운동은 단연 축구였다. 가끔 반 대항이나 내기가 걸린 게임이라도 있으면, 축구를 잘하는 아이들의 인기는 그야말로 하늘을 찔렀다. 하지만 나와 같은 부류의 아이들은 그저 운동장에서 공만 열심히 쫓아다니고, 축구를 잘하는 아이를 죽어라고 따라다니는 것뿐이었다. 공을 빼앗아본 기억이 없다.

농구는 축구보다 더 범접하기 힘들었다. 같이 우르르 뛰어다니면 적당히 넘어가는 축구와 달리, 여러 가지 개인기와 숙련된 기술이 없으면 코트에 들어갈 용기마저 허락되지 않았다. 빼어나게 잘하는 운동 하나를 만들지 못하고 진학한 고등학교에서는 운동하러 운동장에 간 일이 거의 없었다. 이러한 상황을 돌이켜볼 때, 지금 생각해도 다행스러운 것은 대학 동기들과 호흡을 같이하며 아침을 달렸던 일이다. 그때 다져진 체력이 이후 사회생활에 얼마나 도움을 주었던가.

유학 시절, 학교에 방문한 사람들을 안내하여 골프 필드에 나간 일이 있다. 처음 나간 필드의 경치와 무한히 펼쳐진 잔디의 싱싱함에 마음이 그렇게 넉넉할 수 없었다. 한참 자연에 도취하여 주변을 살피다 우연히 우리 뒤를 따라오는 팀을 발견한 것은 우리 팀이 오르막 슬로프의 가장 위쪽에 있을 때였다.

저 아래쪽에서 2명이 도란도란 걸어오는데, 참 신기하게도 공의 비거리와 낙하지점이 거의 비슷하게 페어웨이에 척척 놓였다. 게임을 한다기보다는 친구와 산책을 나온 듯한 느낌을 주던 두 사람을 몇 홀 더 진행한 후에 다시 보게 되었다. 놀랍게도 두 사람은 나이가 칠십에 가까운 노신사들이었다.

한 번은 아내가 근처에 있는 스포츠센터 수영장에 다녀와서 이런 이야기를 들려주었다. 그곳 할머니들은 수영장에서 그냥 힘을 빼고 머리만 내놓고는 둥둥 떠서 주변 사람들과 수다를 떨더라고.

두 가지 상황을 접하면서 나이 들어서도 즐길 수 있는 운동 세 가지는 수영, 테니스, 골프라던 주변 사람의 이야기가 생각났다. 전혀 울림이 없던 이 말이 이때처럼 선명하게 다가선 적은 없다. 젊음을 핑계로 운동을 멀리하던 나에 대한 반성과 함께, 아이에게는 평생 운동을 재미있게 느낄 수 있는 계기를 꼭 만들어줘야겠다고 다짐했다.

나의 유년 시절 수영장에 대한 나쁜 기억은 준비 없이 던져진 데 대한 공포 때문 아니었을까? 어른이 된 후 수영장에서 본 아이들은 우리 시대의 개헤엄과는 비교도 안 될 정도로 세련된 폼과 호흡법을 구사하면서 수영장을 종횡무진 누비고 있었다. 저렇게 준비해서 운동을 접하면 얼마나 재미있을까. 그래서 아이들이 학창 시절 접하는 운동은 꼭 기본 과정을 익히고 시작하도록 했다.

가장 먼저 시작한 운동은 단연코 수영이었다. 내 생각이 맞았는지는 모르겠지만, 방법을 알고 수영을 하는 아이들의 모습에서 수영에 대한 거부감을 찾아보기는 힘들었다. 늘 잘하는 친구 뒤를 쫓아다녔던 나의 기억 속 축구와 기본기를 몇 달 익힌 아이들이 보여주는 축구는 사뭇 달랐다. 몇 주라도 기본자세와 기술을 배운 농구는 어느새 아이들에게 친숙한 스포츠가 되었다.

대학에 진학한 아이가 생활에서 늘 운동을 접할 수 있게 하려면 어떻게 해야 할지 고민하고 있다. 이러한 노력은 아이의 캠퍼스 생활을 좀 더 풍요롭게 해줄 것이며, 아름다운 기억도 같이 만들어줄 것이다. 아이가 조금이라도 빨리 운동의 즐거움을 느끼는 것이 얼마나 소중한지 다시 절감한다.

한국의 부모라면 누구나 가르치는 태권도는 우리 아이들에게도 예외가 아니었다. 이후 건강을 위해 하는 운동인 수영은 초등학교에 다니면서 익히도록 했다. 수영을 익히면서부터 겨울철 온천 수영장에 가족 나들이를 가는 횟수가 늘었다. 축구는 친구들과 어울릴 수 있도록 기본기만이라도 익히는 시간이 필요하다. 방학기간에 열리는 축구교실 등을 통하여 자연스럽게 받아들이도록 하는 것이 중요하다.

초등학교 고학년이 되면서 아이들이 바빠지자 장기간 운동을 계획하는 것은 어려워졌다. 가족과 함께할 수 있는 종목도 제한적이었다. 그래서 우리 가족이 선택한 종목은 인라인스케이트였다. 매일 저녁 식사 후 한 시간 반 정도 같이 트랙을 돌면서 재미난 시간을 가졌다. 3주 정도 기본적인 방법만 배우면 가족 스포츠로서는 그만이다.

첫째 아이가 대학에 진학하면서 캠퍼스에서 쉽게 접할 수 있는 스포츠와 아이가 가장 배우고 싶은 스포츠의 연관관계를 고민하다 선택한 종목은 볼링이었다. 한 달 정도 기본적인 강습과 실습을 받게 하였다. 볼링에 대한 어색함이 없어졌으니 앞으로 대학 친구들과 즐겁고 행복한 시간을 나눌 수 있으리라. 건전하게 운동하는 시간이 대학생활에서 더욱 많은 비중을 차지하기를 희망해 본다.

걱정 없이 큰일을
할 수 있는 디딤돌,
건강검진

둘째 아이가 초등학교에 입학한 지 얼마 되지 않아서였다. 우리 부부의 치과 정기검진에 아이들을 데리고 갔다가 덤으로 작은 녀석을 검사했다. 앞니 두 개가 덩그러니 빠져서 웃으면 김을 발라놓은 것처럼 깜찍하고 귀여운 시기였다. 대문짝만한 앞니 두 개가 자라고, 차례로 이갈이하면서 점점 어른이 되어가겠지. 첫 아이 때의 경험을 떠올리며 내심 즐거웠다.

문제는 앞니 두 개가 나와야 할 자리에 다른 치아가 더 자라는 것 같다는 의사의 이상 소견을 들으면서부터였다. 엑스레이를 찍은 결과 놀랍게도 한 곳에서 치아 두 개가 차례로 올라오고 있었다. 수술을 통해 잇몸 속에서 자라고 있는 치아 하나를 발치했다. 검진 시기를 놓쳤으면 아이의 마음에 늘 거치적거리는 평생지기를 하나 둘 뻔했다. 이후 아이들의 치아 검진은 열성을 가지고 정기적으로 해오고 있다.

큰 아이 역시 학업이 몹시 바쁜 고3 시기를 피해 방학기간 동안 소홀했던 치과 정기검진을 받게 하였다. 아이들 치아는 시기에 따라 다양한 변화를 겪게 되는데, 이때는 어금니가 완전히 자라서 완성되는 시기였다. 그런데 살을 비집고 올라온 어금니와 맞닿은 치아가 썩고 있었다. 이에 잘 대응하는 방법은 부모의 관심과 정기적인 검진, 꼼꼼한 칫솔질 교육이 최선이다. 칫솔질 교육을 평소에 계속 강조하고 1년에 한 번 정기검진을 하더라도 아이들의 성장주기상 특정한 때에는 몇 개의 충치가 발견되는 경우가 있다. 좀 더 세심히 관심을 가질 일이다.

성년이 된 이후에는 이런저런 이유로 간단한 것에서 복잡한 것까지 여러 가지 정기검진을 받을 기회가 생긴다. 건강에 대한 걱정이 적은 청년기에는 그만큼 관심도 적고 시간이 아깝다는 생각이 앞선다. 하지만 중년기로 접어들면서 주변에서 안타까운 사연을 접하고 자신의 건강에 믿음이 안 가기 시작하면, 조금 더 정밀하게 건강검진을 받아볼까 하는 생각이 슬며시 든다. 그런데 아직 젊다고 이런 과정을 생략해도 될까? "조금만 빨리 알았더라면……" 하고 가슴을 치는 안타까운 사연을 우리는 심심치 않게 접한다. 나이가 많고 적고를 떠나 건강에 관한 한은 빨리 아는 것이 가장 최상의 방책이다.

첫째 아이의 고등학교 생활이 마감되어가던 방학이었다. 입시 스트레스에 시달렸을 아이를 데리고 정기검진을 받아보기로 하였다. 인터넷으로 손품을 팔면서 너무 극성맞은 것은 아닌가 하는 생각도 했다. 하지만 우려와 달리 나와 같은 생각을 하는 사람들이 제법 많았고, 여러 병원에서 '청소년 건강검진' 프로그램을 운영하고 있었다. 몇몇 병원에서는 입학 선물로 이런 프로그램을 운영하는 것을 보면서 내 생각이 현실과 큰 괴리가 있는 것은 아니라는 판단이 들었다. 지금처럼 극심한 경쟁체제 속에서 청소년기를 거쳐온 아이들은 오랜 학업 시간과 컴퓨터, 휴대폰 등의 사용으로 야외활동이 현저히 적지 않은가.

첫째 아이의 검진은 키와 몸무게, 비만도, 시각과 청력, 혈압 측정 등 기초 신체계측과 심전도 검사, 안저 검사, 안압 검사, 요화학 검사, 분변잠혈 · 기생충 검사, 혈액질환 검사, 간기능 검사, 당뇨병 검사, 신장기능 검사, 통풍질환 검사, 심혈관 · 고지혈증 검사, 감염 검사, 체성분 검사가 포함되었다.[4] 물론 병원에서 권하는 기본검사에 몇 가지를 추가하였다.

---

4 건강검진은 '한국건강관리협회 건강증진의원'을 이용하였다. 이 기관에서 제공하는 청소년 건강검진 프로그램은 아래의 항목으로 구성되어 있다.

종목	검사 항목
청소년 검사 항목	신체계측, 혈압, 심전도, 소변, 콜레스테롤, 간기능, 당뇨, 간염, 흉부촬영, 구강검진

꼭 1년 전 아무 걱정 없이 받았던 건강검진에서 내가 녹내장[5]을 가지고 있음을 알게 되었고, 이후 가족들이 많이 걱정하고 힘들어했다. 하지만 시간이 흐른 뒤에는 빨리 발견해서 다행이라고 생각했고 생활태도, 식습관 교정으로 건강을 유지하는 계기가 되었다.

검사 며칠 후, 모든 결과가 양호했으나 심전도 항목에서 유소견 결과가 나왔다. 심장 전문의를 소개받으며 가슴이 덜컹 내려앉았다. 심장 전문병원에서 심장 초음파 검사[6], 운동부하 검사[7]를 받는 동안 가슴 조이며 무사와 안녕을 기원했다. 다행히 큰 이상이 없다는 의사 소견을 접하고 나서야 무거운 바위를 마음에서 치울 수 있었다.

둘째 아이 역시 고3생활을 마치던 방학에 건강검진을 받았다. 첫째 아이 때와 같은 항목으로 검사했는데, 모두 정상 범주이나 단백뇨가 나타나고 간 수치가 조금 높다는 소견이 나왔다. 바로 주변

---

5 녹내장은 안압의 상승으로 시신경이 눌리거나, 혈액 공급에 장애가 생겨 시신경 기능에 이상을 초래하는 질환이다. 시신경은 눈으로 받아들인 빛을 뇌로 전달하는 신경이므로 여기에 장애가 생기면 시야 결손이 나타나고 말기에는 시력을 상실하게 된다.

6 인체에 무해한 초음파를 이용하여 심장의 구조적, 기능적 이상을 검사하는 것으로 선천성 심질환, 심장판막 질환, 심근증, 심근경색 등의 여러 심장질환을 진단하는 검사다.

7 환자의 가슴에 전극을 부착한 후, 러닝머신 벨트 위에서 걷는 것을 시작으로 단계적으로 강도를 증가시켜가면서 인위적인 자극을 통해 심전도, 혈압, 맥박의 변화를 관찰하는 검사로서 흉통의 감별진단에 중요한 검사다.

의 병원을 수배하여 보강 진료를 받았다. 중고등학생은 육식 위주의 식습관으로 단백뇨가 있을 수 있다며 식습관 개선 등 간단한 처방을 받았다.

소중한 사람을 지키기 위해서는 꼼꼼하고 섬세한 눈길로 건강을 확인해야 하고, 주기적으로 건강검진을 병행해야 한다. 우리 아이들 역시 어리다는 이유만으로 건강할 거라고 단정 짓기 전에 적당한 때가 되면 꼭 전문가의 진단을 받아볼 필요가 있다. 소중하게 지켜낸 아이의 건강은 미래에 걱정 없이 큰일을 할 수 있는 디딤돌이 될 것이다.

시작하기 전에
미리미리
담배 조심

금방 숨이 넘어갈 것 같은 훈련 뒤 잠시 찾아오는 휴식을 어떤 달콤함에 비교할까. 전우와 함께 태우는 담배 맛은 유익과 무익을 따지기 전에 거의 본능을 자극하는 안락함 그 자체였다. 담배를 모르던 애송이들은 그렇게 담배를 평생지기로 삼는 경우가 허다하다.

대형 원형 식탁을 가운데 두고, 만찬에 초대한 중국 측 인사들과 식사가 시작되었다. 가장 상석에 앉은 식사 주최자가 일어서서 건배를 제창한다. 초대한 측과 손님 모두 일어서서 건배를 외치고 호기롭게 한 잔씩 한다. 하지만 이것이 건배 제의의 끝이라면 얼마나 좋을까? 서열대로 앉은 자리 순서에 따라 1명씩 일어서서 건배를 제의한다. 마시지 않으면 너무 섭섭하다는 표정과 멘트를 보내는 터라 마냥 사절할 수도 없는 상황이다. 그럭저럭 5~6명을 지나고 나니 정신이 혼미하다. 독한 백주白酒[8]가 뱃속에서 춤을 춘다. 이쯤 되면 겉으로는 몇 십년지기가 된 것처럼 표정과 대화가 부드러워진다.

이때 자랑스럽게 식탁에 내놓았던 빨간색 중화中華 담배를 권하기 시작한다. 한 갑의 가격이 보통 중국인의 하루 임금 정도에 해당하는 담배라서인지 백주만큼이나 극렬하게 권한다. 식탁 건너편에 앉은 손님에게 담배를 권하는 모습은, 담배를 빼 들어 정확히 송구하는 투수 같기도 하다. 이 정도 상황에서 담배는 염려 대상이 아니라 친교와 우정의 가교 구실을 하는 선량하기 그지없는 기호품이 된다. 자연히 이런 자리에서만큼은 담배에 대한 저항이 무뎌질 수밖에 없다.

중고등학교 시절, 가끔 담임 선생님이 가방 검사라는 것을 단행했다. 짐작하듯이 목적은 책가방에 든 불순한 물건, 책 외에 공부에 방해되는 물건을 색출한다는 것인데, 그중 가장 큰 소득은 뭐니 뭐니 해도 담배였다. 하지만 담배에 손을 대는 학생들은 이미 상상도 못 하는 곳에 담배를 지니고 다녔다. 언젠가 가방 검사 시간에 흡

---

8 곡류를 원료로 한 증류주를 중국에서 백주라고 부르며 고량주, 마오타이주, 대국주, 분주 등이 있다.

연을 시작한 지 얼마 되지 않은 어리바리한 친구 녀석이 딱 걸려들었다. 잡아먹을 듯한 선생님의 무서운 표정으로 미루어볼 때 큰일이 벌어질 거라 모두가 상상하고 있었다.

"담배가 보약이라면 내가 매일 사주지, 이 녀석아!"

의외로 선생님은 부드럽게 상황을 정리한 후 담배의 위해성에 대해 설명하셨다. 세월이 흘러 선생님의 설명은 가물가물해졌지만, 부친께서 담배 때문에 폐암으로 돌아가셨다는 이야기를 하며 얼굴에 비치던 안타까움은 지금도 선연하다. 선생님은 벌을 주기 위해서가 아니라, 담배에 접근하는 것을 방지하기 위해서 가방 검사를 하셨구나 하는 생각은 한참이 지난 후에 할 수 있었다.

담배에 대한 추억은 초등학교 저학년 시절 학교 금연 홍보 시간에 본 슬라이드 몇 컷에 강하게 고정되어 있다. 보건 선생님은 까까머리 아이들을 앉혀놓고 무시무시한 슬라이드 몇 장을 보여주며 설명을 시작했다. 흡연을 오래 한 환자의 폐와 신체 장기, 혓바닥 등 형언할 수 없이 처참한 모습이 담긴 사진들이었다. 당시에는 입이 다물어지지 않을 정도로 큰 충격을 받았다.

"아빠가 절대 담배를 피우지 못하게 너희가 말려야 한다."

이후 선생님의 훈화를 마음에 새기고 줄기차게 아빠의 끽연 시간을 방해했던 기억이 새롭다. 세월이 흐르고 대학과 군대, 직장에서 각종 술자리를 거치며 담배에 대해 관대해졌다. 때론 친밀하게 여기기도 하였다. 하지만 지금도 초등학교 시절에 본 슬라이드는 뇌리 한구석에 오롯이 남아 건강 지킴이 역할을 하고 있다.

아이들이 중고등학교에 다니기 시작하면서 흡연에 대해 경고했고, 담배에 대한 아빠의 생각을 명확히 전달하기 시작했다. 담배만큼은 절대 시작해서는 안 된다고 단호하게 말했다. 특히 담배의 유혹이 있을 만한 모임, 수학여행, PC방 출입 등 담배가 끼어들 만한 소지가 있으면 반드시 당부하기를 잊지 않았다.

"절대로 담배를 시작하면 안 된다."

'차 조심'보다 '담배 조심'을 집 대문에 나서는 아이 뒤통수에 먼저 붙여서 보냈다.

사람의 기호는 한번 굳어지면 참 바꾸기 힘들지 않은가. 특히 몸으로 깊이 각인한 담배는 대부분의 흡연자가 끊어내기 어려워하는 무서운 형벌과도 같다. 아이가 담배를 익히기 전에 부모가 먼저 담배에 대해 바른 인식을 심어주어야 한다. 아이가 손대기 전에 미리미리 담배에 대한 경고를 보내야 한다.[9]

외국에서 대학 1년을 보내고 온 첫째가 고등학교 동창들을 만나고 왔다. 10명이 넘는 인원이 모였는데, 본인을 포함해 여학생들만 담배를 피우지 않았다는 말을 듣고는 참 고맙고 다행스러웠다. 이

---

9 김재원 의원의 보도자료(2013년 3월 5일)에 의하면 흡연으로 인한 피해금액이 연간 10조 원에 달한다고 한다. 또한 흡연으로 사망하는 사람은 연간 3만 명으로 교통사고 사망자 수보다 무려 여섯 배나 많다고 지적하였다.

제 군대, 직장에서 이루어지는 각종 회식과 지난한 스트레스 속에서도 지금처럼 담배에서 자유로운 아들이 되길 기원한다.

확인하는 작은
습관으로 누리는
찬란한 자유

여름 두 달, 날씨로만 보면 단연코 영국을 따라올 곳은 없다. 덥지 않은 청명한 날씨, 끈적거리지 않으면서 결정적으로 모기가 없는 영국의 여름은 정말 환상적이다. 보너스로 하나 더, 이런 여름을 마음껏 즐기라고 밤 10시가 되어도 환할 정도로 낮이 길다.

빛이 있으면 그림자도 함께 있다고 하던가. 나머지 열 달은 왜 이들이 그토록 햇볕을 사랑하는지 알게 한다. 하루에도 몇 번씩 오가는 빗줄기, 으슬으슬 스산한 날씨, 찬 기운으로 옷을 여미게 하는 바람. 하루에 몇 번이고 한국 아랫목 생각이 절로 난다. 하지만 문화적 차이는 엄연히 존재하고, 이들은 아랫목 대신 라디에이터를 이용해 집안 공기를 데우는 방식을 선호하니, 한국에서처럼 아랫목의 황홀한 맛을 느끼는 것은 그림의 떡일 뿐이다.

궁하면 통한다고 했던가. 이를 대신할 요긴한 물건이 있으니, 우리나라의 전기장판이 이 상황에 딱 안성맞춤이다. 바닥에서 온몸 가득히 데워주는, 지그시 지지는 느낌은 타국에서 그나마 위안이 되고 대체재로 효과 만점이다.

하루는 유학생활을 같이하던 후배들과 식사를 하다가 유난히 걱정스러운 얼굴을 하는 한 후배를 보았다. 전기장판을 미처 끄지 못하고 학교로 향했는데, 우리네로 하면 하숙집 주인이 이를 우연히 발견했다는 것이다. 이상한 물건의 정체를 처음 본 주인은 굉장히 놀랐고, 이렇게 온종일 이불 속에 히터가 있으면 대단히 위험한 상황이 생길 거라고 심각하게 걱정했다는 것이다. 그러면서 하숙집에서 내몰릴 위기까지 갔다고 이야기했다. 나는 이야기를 들으며 아쉬운 입맛을 다셨다. 잘 사용했으면 아랫목을 계속 침대에 두고, 최소한 잠자는 시간만큼은 고향의 꿈을 꿀 수 있었을 텐데. 앞으로 후배는 체온으로 침대를 덥히며 많이 뒤척이겠구나.

일본에서 유학을 마치고 온 선배 교수 연구실에서 담소를 나누다 저녁 시간에 맞추어 문밖으로 나서고 있었다. 그런데 선배는 연구실 문을 닫지 않고 한참을 서서 연구실 내부를 손가락으로 가리키며 "됐고, 됐고…… 음, 됐고"를 연발했다. 무슨 황당한 몸짓인지 궁금해서 식사하면서 그 속내를 물어보았다.

"내가 워낙 무얼 잘 못 챙겨서 문을 나서고 나면 돌아볼 일투성이야. 그래서 언제부터인가 문을 나서면서 이전에 속 썩였던 놈들을 하나씩 짚어가며 '됐고'를 연발하게 됐지. 그런데 신기하게도 이게 먹히더라고. 마음에 평화도 생기고."

생각해보면 집을 나선 후 가스 불은 껐는지, 수도꼭지는 잠갔는지, 전깃불은 껐는지를 걱정하며 얼마나 많이 즐거운 시간을 낭비했던가. 퇴근 무렵 연구실에 앉아 있으면 같은 층 사람들이 문을 잠그고 나가는 소리가 들려온다. 하지만 몇 분이 지나면 다시 문을 열고 들어가 마음을 심란하게 한 무언가를 정리하고 문을 나서는 소리가 난다. 이런 일들은 심심치 않게 감지된다. 나도 이제 주책없지만 문 앞에서 "됐고"를 연발하는 편이 훨씬 현명하리라.

이렇게 재미난 에피소드로 끝나기도 하지만, 사소한 일이 발단이 되어 큰 화가 되는 경우도 있다. 어른이 되어서도 작은 습관을 몸에 붙이지 못하여 불편함과 허둥지둥하는 모습을 달고 사는 일을 줄이기 위해서는 아이 때부터 늘 확인하는 습관을 들이는 것이 중요하다.

대낮에 연구실 독서 등이 켜진 채 비어 있는 책상을 지나면서 지도교수님이 가만히 등을 껐다. 그러면서 당신이 대학원생이던 시절 지도교수의 일화를 말씀하신다.

"독서 등은 물론이고 학생들의 전자계산기도 잠시라도 주인이 없으면 꼭 꺼주셨거든."

이렇게 몸에 붙은 작은 습관 하나가 얼마나 많은 불편한 일들을 방지하고 결국 사람을 자유롭게 했을까. 우리 아이들이 어른이 되기 전에 자연스럽게 확인하는 습관을 꼭 몸에 배게 해주자. 아이들이 누릴 찬란한 자유를 위하여.

빛나는 호기심이
함께 할
전공 찾기

대학 졸업반 학생들과 상담을 하다 보면 참으로 안타까운 일들을 접하게 된다. 아마 해당 학생의 부모는 억장이 무너지는 기분이었을 것이다. 어떤 학생은 졸업을 몇 달 남기지 않은 상황에서 전공을 잘못 선택한 것 같다며, 전공보다는 대학생활 내내 준비한 고시, 공무원 시험의 내용이 더 친숙하다는 이야기를 자조 섞인 목소리로 읊조린다.

한술 더 떠서 대학 졸업을 미루기 위해 갖은 명목으로 휴학 작전을 펴는 젊은이를 보면 참으로 여러 감정이 교차한다. 이러한 현상은 대학원 과정으로도 이어져 학문과 진리 탐구를 위한 진학이 아니라, 취업 전선의 연장선에서 커리어를 쌓는 과정쯤으로 생각하는 학생들을 낳았다.

화초를 키우다 보면 많은 고민을 하게 된다. 말을 못하니 호불호를 물어볼 수 없어 시행착오가 아니면 각기 가진 특성을 확인할 방법이 없다. 꽃집에서 귓등으로 들은 화초 가꾸는 법은 집에 있는 화초의 종류가 5~6가지만 넘어서면 이내 헷갈려서 도무지 도움이 되지 않는다.

화초가 시름시름 하기 시작하면 거실에서 베란다로 옮겨보고, 컵에서 바가지로 물의 양을 조절하면서 이리저리 살려보려 노력한다. 정성을 쏟아도 한번 마음을 바꾼 녀석들은 좀처럼 푸른 기운으로 돌아와 주지 않는다. 여름 내내 싱싱함과 생명력으로 커피 향을 좋게 해주던 산세비에리아를 하룻밤 추위로 고스란히 잃고 나서 헛헛하던 기억이 아직도 선명하다.

화초보다 다이내믹하고 다양한 돌봄이 우리 아이들에게는 필요하다. 화초도 이리저리 옮기며 알맞은 자리를 찾는 사려가 필요한데, 하물며 아이는 어떻겠는가. 무슨 일을 하면서 살면 좋을지, 더 정확히 말하면 어떤 일을 할 때 제일 행복해하고 눈을 반짝이는지를 찾아내는 것은 일생일대의 중요한 일이다.

하지만 이러한 순간을 감지하는 것은 부모의 지대한 관심이 지속적으로 아이 곁에 그물망처럼 펼쳐져 있을 때만 얻어지는 감사한 소득이다. 너무 성급하면 사소한 두각을 오판하여 영재학교로 아이 손을 이끄는 일이 벌어지고, 결국 아이와 부모 모두가 상처받는 일로 변질되기 쉽다. 반대로 너무 늦으면 따뜻한 관심조차 받지 못하고 어른이 되어 본인이 일을 선택한 이후가 되어버릴 것이다.

아이가 무얼 하면 행복해하는지를 찾기란 한두 번의 관찰만으로는 어렵다. 조급한 마음을 내려놓고 아이를 사랑스러운 마음으로 꾸준히 지켜보는 작업을 지속해야 한다. 아이가 어떤 인연을 만나 자신의 모습을 활짝 피울지 예측하기는 참 어렵다. 부모의 마음이야 사회적 통념상 좋은 직업을 향해 걸어가 주기를 바라지만, 모든 아이가 그런 직업군의 일을 접할 때 행복한 눈빛을 갖는 것은 아니다. 이러한 상황을 인정해야 한다. 아이를 바라볼 때는 낮은 자세, 즉 '하심下心'의 경지를 유지하고 천천히 표정을 살피는 것이 중요하다.

여느 집처럼 우리 아이들 역시 초등학교 시절에는 참으로 다양한 모습을 보여주었다. 딱히 싫어하는 일 몇 가지를 빼놓고는 모든 것을 좋아하니 기준을 세우기가 참 어려웠다. 하지만 지켜보는 시간이 쌓이면서, 큰 노력을 기울이지 않았는데 몸에 잘 익히거나 유독 즐거움 가득한 얼굴로 꼼꼼히 대하는 과목을 발견했다. 본격적인 관찰을 시작할 수 있는 계기는 여기서부터였다. 하지만 한두 과목을 선호한다고 해서 그걸 기준으로 아이를 판단할 수는 없으므로 다양한 접촉을 갖도록 시도하였다.

먼저 아이가 좋아하는 과목에 해당하는 학문 계열과 대표 직업군을 선정해보았다. 그리고 흥미 있게 쓴 이야기식 직업 소개 책이나 각 분야 명사들의 활약상을 그린 책을 아이 근처에 두었다. 책에 대해 간단한 소개만 하고, 아이가 읽어가면서 어떻게 반응하는지 천천히 살펴보았다. 이러한 과정을 통해서 느낀 흥미로운 점은, 좋은 직업군을 선택하길 바라는 부모의 기대와 아이의 소박한 흥미 사이에는 큰 차이가 있다는 사실이다. 어쩌면 부모의 머릿속에 그려져 있는 아이의 미래는 오직 부모만의 생각일 수 있다. 이는 아이에게 우리 부부의 생각을 강요하지 않게 하는 큰 소득이었다.

또 이미 전공을 선택한 대학생이나 직업을 가진 어른을 만나보게 하여 아이가 다양한 느낌을 받도록 해주었다. 아이들과 대학생의 만남은 좀 더 친근하게 서로에게 다가갈 수 있는 좋은 경험이었다. 주위에서 대학생 1~2명은 쉽게 찾을 수 있으니 비교적 수월하게 시도해볼 수 있을 것이다. 하루 정도 재미있게 지낼 수 있도록 용돈도 주면 아이들은 무척 좋아한다. 이때는 대학생과 함께 대학 캠퍼스에 가서 전공과 관련되는 내용을 보고 듣는 시간을 꼭 갖도록 해야 한다.

부모와 친분이 있는 다른 직종의 어른을 만나면서도 좋은 경험을 쌓을 수 있다. 하지만 늘 바쁜 주변 사람들에게 시간을 할애받기는 쉽지 않았다. 다음으로 시도해볼 만한 접촉은 다양한 강의에 부모와 함께 참여하는 것이다. 인터넷으로 품을 조금만 팔면 다양한 강의 정보를 얻을 수 있고 아이들과 같이 참여할 수 있다. 아이들이 어떤 접촉을 통해서 어떤 인연을 만나 즐거움을 발견하고 행복한 자신의 길을 찾을지 알 수 없다. 그저 옆에서 같이하면서 이 귀한 아이들의 표정을 열심히 살피다 보면 서로가 공감하는 행복한 길을 찾을 수 있지 않을까?

아이들은 중고등학교 과정을 거치면서 엄청난 공부량에 초등학교 시절의 여유로움을 더는 느낄 수 없게 되었다. 예상보다 빨리 문과와 이과 중 하나를 선택해야 했고, 이에 맞게 과목을 정해야 했다. 숨 돌릴 사이도 없이 대학과 전공을 택해야 하는 갈림길에 섰다. 아이도 선택하기 어려워했고, 지켜보던 우리 부부도 결론을 내려주기 힘든 상황이었다. 이 시점에서 다시 슬그머니 사회적으로 인정받는 직업군을 택하게 하고 싶은 마음이 자리 잡았다. 몇 번의 강권과 거부가 오갔고 문제는 원점에서 맴돌았다.

이때 문득 떠오른 것은 아이가 무엇을 좋아하는지를 열심히 살피던 초등학교 때의 모습이었다. 아울러 전공을 좋아하지 않는 졸업반 대학생의 모습이 중첩되었다. 그랬다. 처음에는 아이가 즐거워하는 일을 같이 발견하고 이끌어주자는 마음이 있었다. 이후 다행스럽게도 고등학교 과정에서 아이가 어떤 과목에 관심을 두고 행복해하는지를 욕심 없는 마음으로 바라볼 수 있었다.

이런 소중한 과정을 통해 첫째 아이는 화학과 관련된 전공과 직업을 택하고 싶다고 어른스럽게 이야기했다. 둘째 아이는 우리 부부가 지켜보고 성찰한 결과와 본인의 꿈 사이에 차이가 없는 것 같아, 아이가 희망을 말해줄 때를 기쁘게 기다리고 있다. 그것이 설령 우리 부부가 지켜본 결과와 다르더라도 실망하지 않을 거라고 자신하면서.

화초를 이리저리 옮기며 최적의 장소를 살피다 보면 화초에 너무나도 잘 맞는 장소를 발견하게 된다. 그곳에서 피어난 빛나고 아름다운 꽃을 보는 감동은 이루 말할 수 없다. 아이와 부모가 함께 찾아야 할 것도 이와 비슷할 것이다. 어느 곳이 아이에게 최적의 장소인지, 아이가 무엇을 해야 가장 행복한지 말이다. 행복한 마음으로 자신의 길로 독립해가는 아이들이 많아질수록 대학 졸업 무렵 잘못 선택한 전공으로 고민하는 대학생이 줄어들지 않을까.

아이들의 전공 찾기 과정은 다음과 같았다. 첫째 아이는 화학에 대한 관심을 더욱 발전시켜 인접 관련 학문에도 흥미를 키웠다. 신약 개발을 염두에 둔 생화학을 무척 좋아했고, 학교 과정 외에 인터넷을 통한 자기 주도 학습으로 자연스럽게 옮아갔다. 본인이 열망하는 분야를 스스로 찾아보는 것이 얼마나 소중한지를 느꼈다.

둘째 아이는 고3에 올라가기 몇 달 전까지 두 가지 정도의 선택에서 고심을 되풀이하였다. 그중 한 직업에 대해서는 다행히 현직에 계시는 분을 통해 직장 투어도 하고, 업무에 대한 설명도 들었다. 이후 대학 진학반이 된 둘째의 고민은 계속되었다. 대학 입학원서를 작성하면서 전공 기입을 미룰 수 있는 미국 대학의 배려를 보며, 동서양을 막론하고 이처럼 까다로운 문제는 없다는 생각을 해본다.

　전공 선택을 위해 아이와 길게 깊은 대화를 나눴다. 강요하지 않고 아이가 궁금해하는 부분을 최대한 예를 들어 설명해주었다. 처음 공감대를 형성한 분야는 경영대학 쪽이었다. 큰 소득이었다. 하지만 더 구체적으로 생각을 정리하기가 쉽지 않았고, 긴 시간 동안 아이와 생각을 교환했다. 결국 도시공학으로 최종 전공을 바꾸었다. 즐겁게 빛나는 호기심이 아이가 선택한 전공에서도 늘 함께했으면 좋겠다.

3장

알찬 열매를 맺으려면
좋은 선택을 해야 한다

아이와 자전거 여행

아이와 함께하는 찡한 추억을 많이 만드세요. 기회가 주어질 때마다 말이에요. 그래야 아이는 어려운 환경에서도 가슴 따뜻한 추억을 연료 삼아 거침없이 전진 해나갈 수 있습니다.

아이가 입대하기 전, 함께 가족여행을 떠났습니다. 가족의 손을 잡고 자연과 교 감합니다. 자연의 경이로움을 접하며 몸 안에 느껴지는 아드레날린을 가족 모두 가 공감합니다. 가족과 함께한 이런 추억은 아이의 군대생활을 따뜻하게 지펴주 는 마음의 연료가 되리라 믿습니다.

시원한 바다를 가족과 함께 물보라를 일으키며 달려보세요. 평생 하지 않을 것 같던 수중 다이빙을 하며 물고기와 이야기도 나눠보세요. 같이 공유한 부분이 많을수록 화제가 다양해지고 관계는 돈독해집니다.

대학 선택의
복잡함을
가족과 함께 넘어선다

    대학입시 성적을 받아들고 며칠 좌절과 번민의 시간을 보낸 후 담임 선생님과 마주앉았다. 성적과 대학 가이드라인을 중심으로 합격권 대학을 이야기하는 선생님의 말씀을 듣는 둥 마는 둥 하며 시험성적 통지서만 꼬물꼬물 만지작거렸다. 벌써 몇십 년 전, 입시 성적 통지서를 받아들었던 그때가 떠올랐다.

    "이 정도 대학에 이 정도 학과밖에는 안 되겠네."

    진학할 대학과 학과가 이미 정해져 있는 것처럼 운명같이 우뚝 서 있었다. 무엇이라 표현하기는 어렵지만 억울하기도 하고 외롭기도 했다. 이런 결정이 맞는지, 과연 이 길이 나에게 적합한지 낮고 부드러운 목소리로 누군가와 도란도란 이야기라도 나누면 두려움과 갈증이 가실 것 같았다. 갈증의 정도가 심해지면서 마음의 상처는 더해갔다. 하지만 그것도 잠시, 시간의 흐름에 묻혀 방황의 기억조차 희미해져 갔다. 가끔 누군가 적성에 맞지 않아서 학교를 그만 두었다는 이야기를 접할 때면 그때 그 갈증이 잠시 기억나곤 했다.

첫째 아이가 대학을 선택할 시간이 가까워질수록 스산했던 나의 기억이 새삼스럽게 떠올랐다. 그땐 그랬지만 이제는 좀 달라져야 하지 않을까? 몇 번이고 마음으로 준비하고 있었고, 내가 느꼈던 부분을 실천에 옮길 시간이기도 했다. '대학 선택'이라는 힘든 여정을 하는 아이에게 선택을 강요하지 않고, 지그시 아이의 생각을 헤아리는 것을 처음 임무로 정했다. 합격한 대학의 안내서를 차곡차곡 모아 정리해주고, 본인이 정한 전공을 중심으로 인터넷에서 정보를 파악하도록 도와주었다.

대학 정보에 관련된 책을 구입하여 같이 읽으며 식사 시간에 마주할 때마다 조금씩 의견을 나누어갔다. 처음에는 이야기의 초점을 맞추기가 어려웠고, 나누어야 할 이야기의 범위를 정하는 것도 힘들었다. 본인이 하고 싶은 전공을 정하고 이에 따라 소신껏 선택한 대학이었지만 주변의 목소리는 혼선을 주기에 충분했다.

가장 힘든 부분은 '명성이 좋은 대학'과 '전공이 뛰어난 대학' 중 어디를 택하는가 하는 문제였다. 전공과 상관없는 소위 명문대학 쏠림 현상을 접할 때마다 무언가 잘못 판단하고 있지 않은가 하고 아이도 나도 전전긍긍하기 일쑤였다. 이렇게 명문대의 유혹은 쉽게 잦아들지 않았고, 최종 결정을 하기 직전까지 고민의 날을 세우게 하였다.

선택을 얼마 남겨두지 않은 시점에 우리 가족은 다시 둘러앉았다. 이전에 나를 괴롭히던 고민을 아이 혼자만 하게 하는 것도 맞지 않고, 단편적인 한두 가지 요소에 의해서만 대학을 정하면 나중에 큰 후회로 남을 거라는 확신 때문이었다. 대학의 명성과 전공 이외에 대학 선택 시에 중요하다고 생각하는 각자의 판단 기준을 이야기하고 나열해보았다. 시선을 조금 다른 곳으로 돌리자 꼭 고려해야 할 몇 가지 중요한 기준을 공유할 수 있었다.

	A 대학	B 대학	C 대학	D 대학	E 대학	F 대학	G 대학	H 대학
전공 우수성								
대학원 진학률,취업률								
프로그램(인턴십, 공동연구, 해외학기 제공)								
실험장비, 교수진, 연구지원금 확보								
대학 명성								
도시 성격(위험, 편리, 기후)								

평가요소별 대학 점수 산정표

가족이 함께 생각한 대학 평가요소는 프로그램의 충실성(인턴십, 해외학기 제공, 교수와 공동연구 여부), 실험장비, 교수진, 학과의 연구지원금 확보 여부, 대학원 진학률, 취업률, 대학의 명성, 전공 우수성, 대학이 위치한 도시의 성격(위험성, 기후, 편리성) 등이었다.[10] 평가 대상으로 올려놓을 대학들도 정했다. 각 평가 항목을 기준으로 가족 각자가 대학별로 점수를 매겨보았다. 정보를 당장 확인할 수 없는 항목은 인터넷에서 검색하여 확인하면서 꼼꼼히 점수를 산정하였다.

이러한 과정을 거치면서 우리 가족은 다소 안정되었고, 최선의 선택을 했다고 확신할 수 있었다. 최종으로 선택한 대학을 보며 그동안의 고민은 충분히 할 만한 가치가 있었음을 확인하였다. 가족 구성원 모두의 의견이 반영된 결과 앞에서 내가 고교 시절 느꼈던 외로움은 사라지고, 아이와 함께한 뿌듯함이 주변을 가득 메우고 있었다.

아이의 독립을 결정짓는 가장 중요한 순간인 대학 선택에 온 가족이 함께해보자. 가족 구성원의 의견을 충분히 반영하고, 최선을 다해 자료를 수집하고, 적절한 방법으로 결과를 상정해보자. 인생에서 가장 힘들고 어려운 결정을 내릴 때 가족과 함께했다는 따뜻함을 지니게 될 것이다.

이러한 과정은 불확실한 미래를 살아갈 우리 아이들에게 좋은 경험이 된다. 미래에도 즉흥적인 결정보다는 신중한 의사결정 과정을 밟게 될 것이다. 독립에 즈음한 아이에게 가족과 함께 호흡하는 의사결정 과정을 체험하게 하고, 즐거운 추억으로 간직하게 하자. 미래에 우리 아이들은 훨씬 더 훌륭하게 복잡한 문제를 풀어갈 것이다.

---

10 미국 대학의 학부 유학을 기준으로 생각한 우리 가족의 주관적인 평가 기준이다.

꿈을 향해
한 발짝씩
대학생활

"교수님, 대학원 생활에서 무엇이 제일 중요합니까? 너무 할 일이 많아서 혼란스럽습니다."

"복도를 지나다 내가 있으면 수시로 들르세요. 그리고 지금 하고 있는 일이 무엇인지 밝히고, 앞으로 무엇을 해야 하는지 물어보세요. 자주 오는 사람이 빨리 졸업하더라고요. 하하하. 다시 말씀드리면, 시간을 정해놓고 교수님을 자주 찾아가세요. 지금 같은 마음으로 매주 규칙적으로 찾아뵙기만 한다면 의문은 쉽게 풀리리라 생각합니다."

석사나 박사 과정에 처음 입학한, 직장을 가진 학생들과의 대화에서 가끔 나오는 이야기다. 실제 공부에 엄청난 열의를 가지고 박사 과정에 입학한 직장인 학생이 있었다. 처음의 조언대로 오가다 시간만 되면 내 연구실에 들르기 시작했다. 한두 번은 일상 이야기를 했지만 좀 더 만남이 진행되면서 자연스럽게 연구 주제를 잡고, 논문을 진행하고, 관련된 어려움을 이야기하게 되었다.

이러한 상황이 되면 처음 이야기했던 "자주 오시면 됩니다!"가 굉장히 어려운 문제로 다가선다. 조금이라도 논문을 진행하지 않으면 교수를 찾아가기가 쉽지 않고, 자칫 만남의 간격이 조금씩 멀어지면 결국 대학 일정상 꼭 만나야 하는 날 이외에는 만날 수 없게 되기 때문이다. 하지만 이 학생은 처음처럼 꾸준히 연구실에 들러 누구도 생각하지 못한 성과를 내며 졸업했다.

큰 아이가 대학에 진학하고 두 달 정도 지난 후, 아이에게 들려준 이야기다.

"상담 시간 또는 근무 시간에 교수님께 찾아가 보렴. 현재 교수님이 하고 있는 연구, 프로젝트 등에 대한 정보를 학과 사무실이나 홈페이지에서 주의 깊게 확인하고 교수님과 함께하고 싶은 부분을 체크해봐. 나는 이런 꿈을 가지고 있고, 대학 졸업 후 이런 회사에 근무하고 싶다고 자연스럽게 교수님께 말씀드려. 교수님을 도울 일이나 같이할 수 있는 일이 없는지 물어보렴."

방학 중 국내 인턴십과 해외 인턴십을 추천해야 할 일이 있었다. 학생들에게 굉장히 매력적인 기회임이 틀림없으나, 평상시 본인이 꼭 참여해보고 싶다고 의지를 표명한 학생들에 대한 정보는 그다지 많지 않았다. 학생들 각자에게 물어서 가장 적합한 자격을 가진 후보자를 선택해야 하는데 문득 이런 생각이 들었다.

평상시 교수에게 자신의 꿈, 관심사 등을 이야기하면서 이런 방향에서 노력하고 있고, 관련 기회가 생기면 본인이 꼭 하고 싶다고 피력한 친구가 있었다면? 기회가 생기면 그 친구에게 먼저 연락하지 않을까? 그 친구가 가장 의욕적이고 적합한 후보자일 테니까 말이다. 실제로 의욕적인 친구들이 기업에 호감을 주며 성공적으로 인턴십을 마치는 경우가 많았고, 취업으로 연결되는 사례도 있었다.

연구실에 자주 들러 꾸준히 본인의 방향을 설정해가던 직장인 박사 과정생과 인턴십 추천에 고민하던 내 모습이 겹친다. 그렇다. 필요한 곳에 정보가 있게 하는 것, 즉 자신을 잘 드러내어 알리는 작업은 '대학에서 살아남기'에 있어 가장 필수적인 항목이다. 대학에서의 성취 역시 관심과 노력, 열정이 함께해야 가능하다. 사회 진출의 첫 단추인 대학에서 우리 아이들이 잘 적응하기를 소망해본다.

음주는
향기 나는 인생을
만들 정도로만

대학에 입학하고 1년 정도가 지나니 거짓말처럼 후배들이 생겼다. 그동안 막내로만 살다 후배들을 보니 신기하기도 하고, 어깨에 힘도 들어갔다. 그리 크지 않은 지역에서 유학을 왔기 때문에 몇 안 되는 동향 선후배끼리 만든 대학 향우회는 그래서 감정이 남달랐는지 모른다. 하지만 후배를 맞이하고 얼마 지나지 않아 향우회가 갈라지는 진통을 거쳤다. 1학년 때 같은 동문으로 살던 동기들이 새로 문패를 단 다른 향우회로 옮겨갔다.

신입생 환영회가 시작되는 3월은 아직 찬 기운이 만만치 않은 시기다. 어느 날 수업을 마치고 나오는 길에 슬픈 소식을 접하게 되었다. 새로 만든 향우회에서 신생의 기쁨을 격하게 표출하며 과음을 하다가 신입생 중 1명이 술의 열기를 식히려 나간 야영지에서 동사凍死했다는 믿기 힘든 이야기였다.

잠시 충격은 있었으나 이후 대학생활의 음주 패턴은 크게 변하지 않았다. 행사에는 늘 술이 함께였고, 서로의 관심만큼이나 잔을 주거니 받거니 하는 횟수도 늘었다. 후배일 때는 받는 횟수가 많았고, 선배일 때는 주는 횟수가 많은 것 외에 큰 변화는 없었다. 가끔 지나친 음주를 하면 몇몇 사람이 싸웠고, 사회를 향해 거칠게 자신을 표현했으며, 누군가 하염없이 밤새도록 울었다는 전설 같은 무용담을 들었다.

자료에 의하면 이러한 일이 우리만의 현상은 아니다. 전 세계 젊은이들이 비슷한 홍역을 치른다. 미국의 경우, 1999년부터 2005년 사이에 18~23세에 해당하는 157명의 청년이 과다 음주로 사망했다는 통계가 있다. 뉴질랜드 역시 2007년에서 2010년 사이 83명의 젊은이가 과음으로 유명을 달리했다. 친구들과 술 마시기 내기를 하다 사망한 대학생의 어머니는 "술을 빨리 마시면 위험에 처할 수 있다는 걸 알려주지 못했다. 얼마나 천천히 마셔야 하는지 전혀 교육하지 못했다"며 회한을 토로하였다.

우리나라도 대학생의 음주 사망이 2006년 3명, 2007년 2명, 2008년 2명으로 나타나 사회적인 문제가 되었다. 통제된 생활에 익숙한 우리 아이들이 대학생이 되고 독립을 목전에 두면서 음주 위험에 무방비로 노출되고 있다. 부모의 품을 막 떠난 시기에 가장 큰 문제점은, 음주에 대한 상식이 부족한 상황에서 동년배 또는 선배들의 압력에 의해 자신도 모르게 치사량의 술을 마실 수 있다는 점이다.

실험결과에 의하면 65kg의 건강한 남자를 기준으로 할 때, 대략 소주 1병에 해당하는 7잔을 마시면 정신적인 활동능력과 판단력이 떨어지며, 14잔을 마시면 인사불성 상태에서 심신을 겨우 가누는 상태가 된다. 20잔을 마시면 혼수상태가 될 수 있으며, 3병 정도가 되는 21잔 이상에는 호흡 부전으로 사망할 수도 있다고 경고한다. 대학 신입생 환영회에서 소주 3병을 한꺼번에 마시게 한다면 살인 미수죄가 될 수 있다는 이야기다. 국제적 기준으로 보더라도 두 시간에 소주 5잔을 마시면 폭음으로 간주하고, 한 달에 이런 경험을 5번 이상하면 헤비 드링커heavy drinker로 분류한다.

이러한 수치에도 불구하고 우리나라 대학생의 99.1%가 술을 마셔본 경험이 있으며, 남학생은 48.4%, 여학생은 19.1%가 일주일에 1회 이상씩 폭음을 하고 있다. 이런 기준으로 볼 때 미국 대학생 사이에 성행하는, 음주 가능 연령 21세가 되는 생일에 술 21잔을 마시는 관례는 얼마나 끔찍한 불장난이란 말인가.

불혹의 나이로 접어들면서 인생의 묘미를 알게 되고, 가족과 함께 기울이는 맥주 한잔의 참맛을 느끼게 된 것은 모진 광풍이 20~30대를 휩쓸고 지난 간 후였다. 소탈한 서민들이 이용하는 영국의 맥줏집에서 친한 이와 함께 보낸 시간은, 맥주를 마셨다는 기억보다는 즐거운 이야기를 잔뜩 나눴다는 유쾌한 추억으로 남아 있다. 이후 이야기가 나누고 싶어지면 과하지 않게 흑맥주나 생맥주 한잔 정도를 곁들이면 좋겠다는 생각을 하게 되었고, 이러한 음주 습관은 인생을 안락하고 여유롭게 해주었다.

우리 아이들이 스스로 경험하며 안전한 음주 습관을 찾는 것은 너무 위험할 수 있다. 어느 정도의 양을 마셔야 하는지 좀 더 계량화된 방법으로 알려줄 필요가 있다. 옛 어르신들의 말씀 중에 "술은 어른과 양지에서 배워야 한다"는 말을 꼭 새겨들어야 할 것이다.

독립이라고 말할 수 있는 단계인 대학생이 되면 79.9%의 학생이 정기적으로 술을 마시기 시작한다. 신입생 환영회, MT, 선후배 친목모임, 축제, 체육대회 등 수많은 자리에 술에 대한 지식이 없는 우리 아이들이 위험에 노출된다. 열린 마음으로 진지하게 아이들과 음주에 관해서 이야기를 나누어야 하고, 성인이 된 아이에게는 즐거운 마음으로 술을 대하는 법을 알려주어야 한다. 가장 중요한 것은 각자의 주량과 몸 상태를 점검하는 것이다. 이를 부모와 함께 하면 독립의 문 앞에 선 우리 아이들이 음주의 위험에서 자연스럽게 벗어날 수 있을 것이다.

첫째 아이의 고등학교 졸업식 날, 축하하는 마음을 전하기 위해 아이들이 좋아하는 레스토랑으로 향했다. 피자, 스파게티, 콜라 등 신 나게 메뉴를 고르는 아이들을 보며 즐거운 마음이 가득 찼다. 우리 부부도 아이를 졸업시켰다는 자축의 의미로 생맥주를 시켜

건배를 나누었다.

식사 도중 아이는 오늘 저녁 친구들과 모임이 있다며, 아무래도 음주를 할 것 같다는 이야기를 건넨다. 이미 몇 번 술을 즐기는 방법과 술의 위험성에 대해 공감을 나눈 적이 있어서, 빠르게 중요한 부분만 환기해서 모임에 참가하게 하였다.

그리고 모임에서 돌아온 아이와 대화를 하며 안도와 행복감이 함께했다. 아이의 이야기를 정리해보면, 술을 빠르게 마신 1~2명은 중간에 힘들어서 집에 돌아갔고, 모임 내내 힘들어하는 친구도 있었단다. 본인은 이야기를 즐기면서 최대한 천천히 마셨으며, 본인의 한계에 도달하기 전에 음주를 멈추었다고 이야기했다. 참으로 다행스러웠고 같이 고민했던 지난날이 보람으로 다가왔다.

배움으로 깨닫는
균형 잡힌
견해 갖기

1980년대 말, 대학입시 시험을 마치고부터 고등학교 생활은 그야말로 천국 그 자체였다. 우리의 삶을 질곡으로 몰아붙이던 선생님들도 천사의 미소로 대해주었다. 가장 중요한 것은 그 누구도 공부하라는 언짢은 지적을 하지 않는다는 것이었다. 기대에 부응이라도 하듯 고등학생과 대학생의 이음매에 해당하는 시기를 즐거운 시간으로 채워나갔다. 대학 신입생이 되어서도 마찬가지였다. 수시로 열리는 동문회, 동아리 모임, 축제, 체육대회 등 삶은 그야말로 축제였다. 대학 성적과 무관하게 의지와 노력은 전혀 개선의 기미를 보이지 않았다.

대학교 1학년 생활을 마무리하던 10월 즈음, 친구 하숙방에서 하룻밤을 청했다. 철학, 꿈 등 추상적인 형이상학과 사회, 현실 같은 형이하학을 오가며 질펀한 술자리가 있었기 때문이다. 어젯밤

광분했던 몇몇 동기가 새우처럼 칼잠을 자며 좁은 자취방을 메우고 있었다. 느지막한 오전 무렵 나는 갈증과 숙취로 답답한 속을 냉수 한 사발로 달래며 정신을 차리고 있었다. 냉수가 속을 훑고 내려가는 속도와 갈증이 가시는 느낌이 동시에 전해왔다.

이때 냉수보다 더 청명한 느낌으로 다가서는 모습이 있었다. 책장을 가득 채운 교양서적들. 다소 어려운 철학책도 있었고, 평이한 수준의 소설과 시대를 풍미하며 세대를 관통하는 명저도 꽂혀 있었다. 그러고 보니 어제 술자리에서 또래임에도 불구하고 균형 잡힌 성숙한 자기 의견을 줄줄 쏟아내던 이 방 주인인 동기의 얼굴이 떠올랐다. 모두에게 똑같이 주어진 1년 정도의 시간인데, 내가 지내온 1년과 친구가 걸어온 1년이 이런 큰 차이를 만들었구나. 그날 술은 그렇게 빨리 깼다.

2010년 세계 피겨 스케이팅 선수권 대회를 치르는 김연아 선수를 보면서 안타까움과 측은함을 금할 길이 없었다. 이미 작정했던 모든 목표를 달성한 그녀가 느낄 허탈감, 허무함도 같이 느껴졌다. 하지만 '2013년 세계 피겨 스케이팅 선수권 대회 우승'과 '2014년 소치 동계올림픽 금메달'이라는 새로운 목표를 밝힌 그녀에게서 말할 수 없이 싱싱한 생명력을 느꼈다. 역대 19명의 금메달리스트 중 15명이 올림픽에 출전하지 않고 은퇴의 길을 걸었다는 사실만으로도 이러한 도전이 얼마나 많은 이에게 새로운 희망을 줄 수 있는지를 반증한다. 올림픽 금메달이든 대학 입학이든 이루고 난 이후에는 감당할 수 없는 무기력이 찾아온다는 공통점이 있다.

입시 후 대학을 정한 우리 아이들 역시 내가 그랬듯 자유의 시간을 만끽하고 있었다. 열심히 고교 시절을 지내온 아이들에게 절제와 새로운 목표 설정을 종용하기는 쉽지 않았다. 그렇게 아이들은 페이스북, 유튜브 등을 누비며 재충전을 넘어 과도하게 시간을 낭비하고 있었다. 새로운 목표를 가지고 균형 잡힌 견해를 견지한 젊은이가 되었으면 했다. 내가 대학생활의 4분의 1을 허망하게 날려버린 것을 우리 아이가 반복하지 않으려면 조언이 절실하다고 생각했다.

간단한 것부터 시작했다. 먼저 사회적으로 큰 문제가 되는 이슈를 선택하였다. 전문가 A의 견해를 읽고, 이어 반대 견해를 가진 전문가 B의 의견을 읽게 했다. 극단에 있는 두 전문가의 글과 관련이 있는 글도 읽게 했다. 이후 이슈에 대한 자신만의 견해를 만들게 했다. 웹서핑도 목표 지향적으로 바꿀 수 있도록 조언하였다. 전문가의 견해를 찾아보고 싶거나 사회 이슈를 검색해보고 싶을 때 유튜브의 비디오 클립 등을 적극적으로 이용하게 했다.

더불어 비판적인 기사 읽기가 습관이 되도록 했다. 신문 헤드라인을 먼저 읽고 시대를 관통하는 사회의 메인스트림과 이슈를 익히게 하였다. 이후 관심을 끄는 기사는 꼭 같이 읽도록 했다. 동시대를 풍미하는 책을 읽고 시대에 공감하는 작업을 병행시켰다. 이를 통해 딱딱한 신문기사에서 벗어나 감성과 시대정신을 동시에 갖출 수 있기를 기대했다.

다양한 견해를 이해하고 주관이 명확하되 균형 잡힌 인격체가 되기 위해서는 적절한 시기에 아빠의 조언이 필수적이다. 이를 통해 아이는 균형 잡힌 인격체로서 풍성한 삶을 영위할 것이다.

어차피 가야 할 곳,
군대
현명하게 가는 법

첫째 아이의 징병 검사장. 한사코 같이 가기를 거부하는 녀석에게 이런저런 핑계로 얼버무리며 검사 대기장까지 따라가는 데 성공하였다. 번호 순서에 맞추어 긴 의자에 줄줄이 앉아 있는 또래의 젊은이들. 청년이라고 부르기에는 아직 어려 보이는 우리 아이들! 이 청춘들의 얼굴과 몸짓에서는 부모 세대가 군대에 대해 느꼈던 각박하고 살벌한 느낌이나 두려움보다는 자유분방한 모습이 더욱 앞서는 것 같았다. 스마트폰을 편안하게 다루는 모습이며, 음악을 들으며 안락하게 자기 순서를 기다리는 이들에게서 나의 기우는 한낱 쓸데없는 걱정이 되었다.

우리 세대의 군대에 대한 기억이 새롭다. 대학이라는 신세계에 들어서고 얼마 지나지 않아 동기들은 입대라는 스산한 걱정거리를 마주했다. 〈입영 전야〉〈입영 열차 안에서〉〈이등병의 편지〉처럼 가슴 한쪽이 아리고 비장함마저 느껴지는 입대 관련 유행가를 접하면, 군대 가는 당사자뿐 아니라 보내야 하는 사람이나 기다려야 하는 사람 모두가 마음이 심란해졌다. 인생의 일정 부분을 오직 군대에 초점을 맞추고 인고의 시간을 감내해야 했으니까. 동기들은 징병 검사를 받고 앞서거니 뒤서거니 하면서 가장 빛나는 청춘의 정점에서 신병 훈련소로 향했다.

유학 시절, 학부나 석사 과정에 재학 중인 학생들과 가끔 군대에 대해 이야기하곤 했다. 군대 문제를 해결하지 못한 학생의 경우, 언제 갈 것인가는 지극히 큰 문제였다. 제때 이 문제를 풀지 못한 석사 과정생이나 학부 고학년 학생들의 고민은 더욱 컸다. 이들과 이야기를 나누면서 군대 중에서도 어디로 갈 것인지 정하는 게 가장 중요한 관건임을 알았다. 자신에게 맞는 군을 현명하게 선택하는 것은 우리 세대에는 없던 신선한 주제였다.

인간이 가장 두려움을 느낄 때는 불확실성이 내재한 문제를 다룰 때다. 병사로 군대에 가는 방법은 '징집'과 '모집' 두 가지가 있는데, 징집이 대표적으로 불확실한 방식이다. 모집의 경우는 원하는 부대에 내가 가진 특기 및 자격증을 이용하여 입대하므로 확실성을 가지게 된다. 때로는 원하는 날짜에 입대할 수도 있다.

모집 지원병은 복무할 군과 본인이 소지한 자격, 면허, 전공과 관련 있는 군사특기, 계열, 직종을 선택할 수 있다. 해군, 해병대, 공군도 지원병이며, 육군도 병종에 따라 일부 지원병을 선발한다. 대학입시보다는 복잡하지 않지만, 병종마다 자격 요건이나 모집 시기가 다르므로 원하는 병종의 모집요강을 미리 알아보고 전략을 짜는 것이 필요하다.

'현명한 선택'에 방점을 찍은 우리 부자는 마음에 맞는 군대 선택에 돌입하였다. 첫 번째 대상은 카투사KATUSA였다. 토익 600점 이상의 지원자 중에서 컴퓨터 추첨을 통해 선발하며, 지원은 평생에 딱 한 번 할 수 있다. 중졸 이상 학력, 신체 1~3급 중 현역입영 대상자로, 토익 780점, 텝스 690점, 토플 iBT 83점, 토플 PBT 561점, 지텔프 level2 73점, 플렉스 690점 이상의 영어 실력을 갖추면 된다.

2011년 카투사 경쟁률은 지난 10년 사이 최고인 7.4대 1을 기록하였다. 이곳에 젊은이들이 많이 지원하는 이유는 미군과 부딪힐 일이 많아 영어에 대한 두려움을 확실히 없앨 수 있다는 장점 때문이다. 오전 6시에 시작해 오후 5시에 끝나는 일과 시간 외에는 자유 시간이며, 외출과 주말 외박도 가능하다. 한국 공휴일과 미국 공휴일 모두 쉰다는 장점도 있다.

2011년 병무청이 제출한 자료로는 5년간 카투사에 입대한 병사 8,151명 가운데 서울3,678명, 경기1,763명, 인천259명 거주자가 전체의 70%에 달했다. 서울에서도 강남533명, 서초403명, 송파381명 등 '강남 3구' 출신이 40%에 육박했다. 또한 서울대782명, 고려대804명, 연세대767명 출신이 30%였다. 이는 일반 대기업의 SKY 대학 출신 비중20%

정도보다 높은 수준이다. 그런데 첫째 아이는 평생 한 번 지원할 기회에서 보기 좋게 낙방하였다.

그래서 내가 제시한 대안은 코이카(KOICA)의 협력봉사 요원이었다. 국제협력 요원은 해외 봉사활동으로 군 복무를 대체하는 제도로, 현역과 보충역 입영 대상자를 대상으로 한다. 국제협력 봉사 요원은 총 30개월의 복무기간 동안 병무청 군사훈련(4주), 국제봉사단 국내훈련(4주), 해외봉사 활동(24개월 이상) 등을 수행하며 병역 의무를 행한다. 협력 단원에게는 현지 체류비(생활비, 주거비)와 항공료, 보험 등이 제공된다. 모집 직종은 건축, 기계, 농업 일반, 수의사, 수학교육, 식품 가공, 용접, 임상병리, 자동차, 전기, 전자, 체육교육(배구, 일반, 야구), 축산, 컴퓨터, 태권도, 토목(관개수리) 등이다. 하지만 세계적 마인드를 품었으면 했던 나의 뜻은 첫째 아이 마음에 받아들여지지 않았다.

이후 우리 부자는 공군과 해병대 화학병 등 몇 가지 대안을 더 고민하며 정보를 골랐고 아이의 뜻에 따라 입대 시기와 군대의 성격을 고려해 군대를 선택했다. 징집영장만 기다리던 우리 세대의 군대 가기와 요즘 아이들의 군대 가기는 확연히 달랐다. 신성한 병역 의무와 아이의 성장이라는 두 마리 토끼를 한꺼번에 잡을 수 있도록 부모의 세심한 고민과 배려가 절실함을 느낀다.

군대 가기는 비단 본인만의 문제는 아니다. 이분법적으로 나누어보더라도 '군대 가는 당사자'와 '남겨진 주변인'으로 이해관계가 생긴다. 이를 기준으로 군대 가기를 다시 바라보면, 입대하는 본인과 보내는 가족 모두에게 위안의 시간이 필요하다는 결론에 도달한다. 대개는 군대에 가는 자녀에게 초점을 맞추지만 실상은 보내는 부모의 마음 역시 힘들기는 마찬가지다.

요즘은 이런 마음이 반영되어서인지는 몰라도 신병 교육대 홈페이지에 각종 정보가 자세히 올라와 있다. 입영 순간부터 매일 훈련받는 모습을 사진으로 생생하게 올려준다. 홈페이지에서 '편지 쓰기'를 이용하면 하루에 한 통씩 편지 배달도 가능하다. 주별로 받게 될 훈련의 종류도 자세히 알 수 있다. 이러한 정보와 아버지의 경험을 잘 섞어 설명하면 아이도 해볼 만하다는 쪽으로 마음을 추스를 수 있다.

남겨진 부모도 위안이 필요하다. 까까머리가 된 아들의 모습, 어색한 거수경례를 마치고 잔뜩 굳은 얼굴로 무섭기 그지없는 신병 조교를 쫓아 사라지는 아들의 모습은 부모 인생에서 겪는 슬픔 중에서도 단연 상위에 속한다.

입대하면서 안아주었던 온기가 채 가시지도 않았는데, 빈 둥지처럼 남아 있는 아이의 방을 바라보면 허망함이 몰려든다. 하지만 이날이야말로 자녀의 홀로서기가 본격적으로 이루어지는 역사적인 날이기도 하다. 부모와 자녀가 이별한 거리만큼 아이들은 온전한 인격체로 살아가게 되니 말이다.

우리 가족은 아이가 입영하기 전에 같이 여행을 떠났다. 입대를 앞둔 아이는 두려운 마음을 가족과 함께 내려놓을 생각이었고, 남겨질 가족은 섭섭함을 조금이라도 덜어내려는 소망이 있었다. 신병 교육대로 아이를 보낸 후 잠시 여행을 더 하면서 아이의 방을 쳐다보지 않으려 노력했다. 자연이 주는 위안 속에 허전함이 조금이라도 무뎌지기를 바라며.

같이 넘어가는
영어의 벽

1980년대 중반에 대학 시절을 맞이했던 세대에게 해외에 나갈 기회는 요원했다. 그저 방송에서나 볼 수 있는 꿈 같은 이야기에 불과했다. 대학에서 갈고 닦았던 영어회화도 직접 사람과 대화하는 실전용으로 사용하는 동기들은 찾아보기 힘들었다.

그러던 대학 3학년, 선박 운항을 실습해야 하는 대학의 특성상 동기들 100여 명이 한꺼번에 실습선을 이용하여 바다로 나가게 되었다. 미국, 캐나다, 멕시코, 하와이를 거치는 태평양 항해 실습은 영어에 대한 새로운 각오를 심어주기에 충분했다. 또 뜨거운 심장을 가진 젊은이에게 영원한 주제인 '사랑'이 이런 커다란 이벤트에 빠질 리 만무했다.

당시에는 해외여행이 자유롭지 않아서 군 미필 대학생이 해외에 나가는 것이 참으로 어려웠다. 한국 대학생 100여 명이, 그것도 눈이 부신 백색 제복을 입고 외국 항구에 나타나는 일은 뉴스감이 틀림없었다. 우리가 승선하여 실습한 '한바다호'[11]의 자태 역시 꿈같이 하얀 색깔의 길이 100m 정도의 미려한 선박이었다. 외국 항구에 입항할 때는 승조원 전원이 선박 갑판에 늘어서서 거수경례를 하는 진풍경을 연출하였다. 교포들이 많은 미국 로스앤젤레스의 롱비치 항만에 입항할 때에는 부두에 늘어선 엄청난 인파의 교민들로부터 열렬한 환영을 받았다.

부두에는 우리 동기 100여 명을 태울 40여 대의 차량이 대기하고 있었다. 열렬한 환영이 얼떨떨하기도 하고 신기하기도 하고, 자유와 낭만이 여유와 함께 다가서는 묘한 감정이었다. 환영 인파 속에 같은 또래의 젊은 여성이 없을 리 만무했다. 첫날 입항의 어색함이 언제 그랬냐는 듯 사라지고 3박 4일이라는 짧은 일정 속에도 연인으로 발전되어가는 재기발랄한 연애 이야기가 화려하게 꽃피기 시작했다.

만남 뒤에 꼭 찾아오는 이별, 항구의 이별. 우리는 그렇게 도착했을 때의 모습 그대로 한바다호의 가장 아름다운 곳에 백색 제복 차림으로 늘어서 있었고, 서서히 항구에서 떨어져나오기 시작하였다. '만남과 추억'을 향해 거수경례를 길게 붙이며 뭍을 떠나고 있었다. 짧은 시간 동안 쌓은 사랑이 못내 아쉬운 로스앤젤레스 처자

---

11 한국해양대학교 실습선實習船의 명칭이다. 학생들이 실무에서 요구하는 기본적인 해상 경험을 갖추도록 정기적으로 해외 원양항해 실습을 하고 있다.

는 아쉬워 발을 동동거리며 선박이 떨어지는 부두 끝까지 쫓아와 하염없이 눈물을 흘렸다. 사랑의 여운은 이후 항해지였던 멕시코에서 마신 독한 테킬라로도, 하와이 무희의 현란한 훌라후프 춤으로도 지우기 힘들었다.

한국에 입항하고 나서도 사랑의 끈을 놓지 못한 동기들은 매일 동전 한 움큼을 들고 공중전화로 향하였고, 미국 처자와 못다 한 밀어를 나누었다는 후문이다. 한국어가 서툰 미국 처자와 좀 더 이야기를 나누기 위해 회화 교재를 열심히 외우고, 외운 말만 전화에 대고 쭉 해버렸다는 웃지 못할 전설도 있었다. 해외 체험을 할 수 있는 대학생이 절대적으로 희귀했던 시절, 어학만을 배우기 위한 해외연수는 상상도 할 수 없는 일이었다.

대학에 있다는 이유로 이런저런 조언을 해주는 일이 잦다. 특히 대학생 자녀가 있는 주변 분들의 고민 중에 적지 않은 것이 바로 어학연수를 보내야 하나 하는 문제다. 이때 내가 하는 질문의 순서는 다음과 같다.

1. 졸업 후 취업하고자 하는 직장은 정해져 있는가?
2. 어느 정도의 영어 실력을 원하는가?
3. 재학 중인 대학에서 보내주는 어학연수 프로그램은 모두 살펴보았는가?

4. 어떤 나라에서 어떤 프로그램의 연수를 할 것인가?

5. 비용은 어느 정도 생각하는가?

부모님과 학생 모두에게 위의 질문을 했을 때, 막힘없이 대답한다면 비교적 어학연수의 목적이 명확하다고 생각한다. 하지만 대부분은 영어 광풍 때문인 경우가 많아 마음이 씁쓸하다.

유학 시절, 현지에 어학연수를 오는 대학생들을 종종 만났다. 대부분 1년 미만으로 기간을 정해서 오는데, 올 때 가졌던 기대만큼 흡족함을 느끼고 가는 학생은 그리 많지 않았다. 1년 만에 회화에 능통하고 현지 문화까지 몽땅 배워간다면 얼마나 좋겠는가. 사실 어학은 이런 일회성 이벤트로 해결할 문제는 아니다. 대학원에서 몇 년씩 공부하는 학생들도 어학 문제로 고민하는 것을 보면, 어학연수 과정 1년은 물리적으로 보더라도 너무나 짧은 기간임이 틀림없다. 오히려 어디에 있더라도 매일 영어에 대한 감을 놓지 않으려고 노력하는 태도가 영어를 잘하는 비법일 것이다. 한국에 있든 외국에 있든, 장소는 문제가 되지 않는다.

로스앤젤레스에서 만난 여인과 소통하기 위해 한 움큼 동전을 싸들고 전화기 앞으로 향하던 동기가 생각난다. 어학연수보다는 이처럼 강력하게 '영어를 잘해야 하는 이유'를 만드는 것이 훨씬 도움되지 않을까? 마음만 먹으면 손쉽게 영어를 접할 수 있는 환경이 된 지금, 가장 큰 문제는 외국에 못 가는 것이 아니라 끈질기게 노력하지 못하는 자신이지 않을까? 세계를 경영해야 할 우리 자녀에게 어학은 반드시 필요한 무기다. 그래서 어학 연습을 꾸준히 할 수 있는 습관을 몸에 붙여주는 것이 중요하다.

나 역시 아이들의 영어 교육은 쉽지 않았다. 해외로 나가 새로운 환경에 적응해야 하는 쉽지 않은 상황은, 절박감만 심어주었을 뿐 제대로 된 영어 실력을 갖추는 것과는 거리가 있었다. 해외에 나가기 전 원어민에 대한 두려움이라도 없애라고 한 달 정도 주 2회 원어민 수업을 받게 했다. 경제적인 부담이 컸지만 기대했던 만큼의 효과는 없었다. 나름대로 헤쳐나가는 전략이 필요했다.

외국에 도착해서 학교 입학을 위해 대기하고 있던 시기에 아이들이 좋아하는 외국영화를 원 없이 보게 했다. 그중 한두 편은 하루에 몇 번씩 보아도 지겹지 않다면서 즐거워했다. 슬쩍슬쩍 중요한 문장을 아이들에게 알려주기 시작했다. 관건은 '즐거움'이라는 것을 깨달았다. 한국에서 가져온 《영어 말문이 터지는 문단열의 3·6·9 프로젝트》1, 2권길벗이지톡 펴냄 역시 재미있어했다. 시간 날 때마다 심지어는 자동차에서도 생활의 일부가 되도록 들려주었다.

학교가 정해지고 선생님과 친구들을 만나러 가기 전까지는 《New Interchange》Jack C. Richards 지음, Cambridge University Press 펴냄의 오디오를 매일 들려주었다. 짤막한 인사말과 지문 등은 외우도록 하였다.

드디어 학교 첫날, 아이 친구들을 만났다. 그 사이 준비해서 외운 문장을 이야기하라고 아이에게 신호를 보냈다. 아이는 얼음장처럼 굳어 있을 뿐 말을 건네지 못했다. 유학 초기인 나 역시 선생님과 훌륭한 대화를 나누지는 못하니 입장이 비슷했다. 설상가상으로 둘째 아이 반의 한 아이가 동양에서 온 신기한 녀석이라고 아이에게 심한 장난을 걸었다. 학교에서 돌아온 아이의 표정이 좋지 못했고, 이유를 확인한 후에 문제의 심각성을 알았다.

교장 선생님에게 말씀을 드리며 도움을 청했다. 학교에서는 위협을 준 아이에게 단호하게 조처했고, 며칠 후 사과의 편지를 선생님을 통해 전달받았다. 교장 선생님의 배려로 같은 반 친구 중 한 명이 우리 아이의 버디buddy, 친구가 되었다. 이후 학교생활을 지속하면서 아이들 얼굴에 활기가 생기기 시작했다. 재미있게 매일매일 영어를 접하는 것이 영어를 잘하는 비법이라는 사실을 다시금 절감했다.

조금 익숙해졌을 뿐, 아이들의 영어 실력은 여전히 제자리를 맴돌았다. 숙제에 필요한 글쓰기 역시 힘겹기는 마찬가지였다. 재미있게 강의하는 인터넷 강좌를 여기저기 살펴보기 시작했다. 인터넷으로 강의하는 〈한일의 대안 영문법〉 시리즈를 찾아내어 아이들과 같이 들었다. 다행히 재미있게 진행되는 문법 강의 덕분에 기본적인 영문법을 매일 귀가 후에 같이 공부할 수 있었다.

이후에도 학년이 올라갈 때마다 영어에 대한 고민은 지속되었다. 영어 단어 실력이 필요할 때는 재미가 가미된 〈경선식의 고교 영단어〉를 찾아들었고, 아이들 수능시험SAT이 임박해서는 인터넷 강의를 고르고 또 골랐다. 내가 재미있다고 판단하는 강의와 아이들이 즐겁고 유익하다고 생각하는 강의는 같기도 하고 때론 다르기도 했다.

영어는 학년이 높아질 때마다, 시험이나 발표 등 다양한 순간에 불현듯 찾아와 힘들게 하였다. 하지만 중요한 것은 그 고비마다 아빠와 함께하면서 어느새 어려운 한고비를 넘겼다는 것이다. 관건은 매일 재미있게 지속해서 할 수 있는가였다.

초등학교에서 대학까지
아이들의
직업 선호 변천사

초등학교 시절, 더 정확히 말하면 초등학교 2학년 때 담임 선생님이 미래에 되고 싶은 꿈에 대하여 조사한 적이 있다. 자신이 희망하는 직업을 물으셨는데, 천둥벌거숭이처럼 산으로 들로 날뛰며 공부와는 담을 쌓고 살았던 나에게는 한 번도 자문해보지 않았던 급작스럽고 난해한 질문이었다.

선생님이 직업명을 하나씩 열거하며 자신이 되고 싶은 직업에 손을 들어 표시하라고 하셨다. 혼란스러웠던 나는 아이들이 가장 많이 손을 들 때 같이 들어버렸다. 선생님은 행복한 표정으로 손을 든 친구 모두를 앞으로 나오라고 하셨고, 반 전체 아이들에게 경례를 시키고는 교실을 한 바퀴 손을 흔들며 돌게 하셨다.

내가 손을 든 직업은 의사였다. 이윽고 판사, 변호사에도 아이들의 손은 무지하게 올라갔고, 선생님은 "너희가 모두 이렇게 훌륭한 사람이 되면 내가 소원이 없겠다." 하시며 껄껄 웃으셨다. 그랬다. 그날 직업 조사에서 우리 반 아이들의 4분의 3은 의사, 변호사, 판사 등 부모님이 선망하는 소위 입신양명立身揚名의 지름길인 직업에 표를 던진 것이다. 하지만 어디로 진학해서 어떤 공부를 하며 구체적으로 무슨 일을 하는지 아는 녀석은 별로 없었다.

이렇게 한 시대 부모님과 아이들의 마음을 풍미했던 직업관이 지금에 와서 크게 변했을까? 내 부모님 세대가 그랬듯이 나 역시 아이를 비슷한 잣대로 교육하고 있었고, 이런 바람은 아이들의 초등학교 시절을 메우고 있었다. 교실을 돌며 창피하고 무안해서 삐쭉거리던 나의 유년 시절, 얼떨결에 꿈이 돼버린 '의사 선생님'을 비슷한 패턴으로 아이에게 강권하고 있었던 셈이다. 2살 터울인 두 아이가 올바른 직업관을 갖게 하는 것은 나 자신의 반성에서부터 시작되었다. 하지만 아이들 앞에만 서면 순식간에 욕심쟁이로 변하는 나 자신과 종종 직면해야 했다.

우리 아이들이 택했던 직업의 변천 과정을 살펴보면 부모의 욕심과 강권이 아이를 얼마나 힘들게 했는지 알 수 있다. 최종 선택 시점에서는 결국 거부로 결론지어지는 것도 여실히 알 수 있다. 좀 더 맑은 마음으로 아이의 재능을 지켜봐 주고 이끌어주는 것이 부모의 바람직한 자세임을 실감한다. 긴 시행착오를 거친 첫째 아이의 직업 선택 변천 과정을 살펴보면 다음과 같다.

1. 초등 5학년, 12세

부모 관점에서 아이가 이런 사람이 되었으면 좋겠다고 판단함. 의사, 변호사 등과 관련된 이야기 책을 아이 동선 근처에 배치해두고 강권함. 때로 아이에게 꿈을 물어보면 교육 효과가 나타나서 의사, 변호사라고 답변하는 것을 들을 수 있었음.

2. 초등 6학년, 13세

우연한 기회에 '직업 적성 테스트'가 도움이 된다는 정보를 접하고, 인터넷에서 무료로 제공하는 테스트를 실시함. 부모와 아이 모두 결과로 나온 다양한 직업을 보고 놀라기도 하고, 너무나 많은 직업군을 보며 신기해함. 포괄적이고 관념적이었던 직업관이 좀 더 세밀해지는 계기가 됨. 하지만 부모 입장에서는 여전히 사회 통념상 훌륭한 직업을 갖기를 희망함.

3. 중등 2학년, 15세

영화 〈네트〉를 본 후 아이는 컴퓨터 관련 산업, 특히 보안 산업에 관심을 두기 시작했고, 본인이 하고 싶은 직업임을 처음으로 표시함. 계기가 된 사연을 알기 전에는 다소 의외였고 놀라기도 함. 아이의 의지를 존중하여 컴퓨터 전문가가 되는 방법, 전공, 대학 등을 찾아보기 시작함.

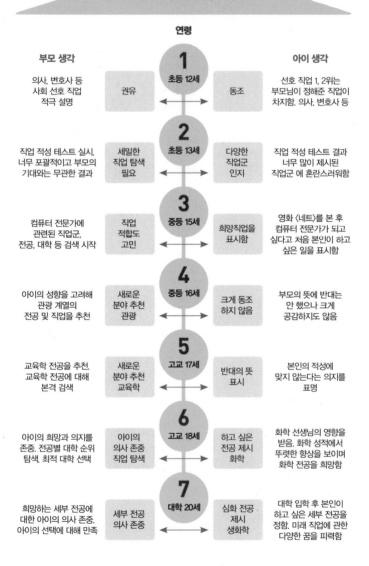

첫째 아이 직업 선호 변천사

연령

부모 생각

아이 생각

1 초등 12세

의사, 변호사 등 사회 선호 직업 적극 설명 — 권유 ⟷ 동조 — 선호 직업 1, 2위는 부모님이 정해준 직업이 차지함. 의사, 변호사 등

2 초등 13세

직업 적성 테스트 실시. 너무 포괄적이고 부모의 기대와는 무관한 결과 — 세밀한 직업 탐색 필요 ⟷ 다양한 직업군 인지 — 직업 적성 테스트 결과 너무 많이 제시된 직업군 에 혼란스러워함

3 중등 15세

컴퓨터 전문가에 관련된 직업군, 전공, 대학 등 검색 시작 — 직업 적합도 고민 ⟷ 희망직업을 표시함 — 영화 〈네트〉를 본 후 컴퓨터 전문가가 되고 싶다고 처음 본인이 하고 싶은 일을 표시함

4 중등 16세

아이의 성향을 고려해 관광 계열의 전공 및 직업을 추천 — 새로운 분야 추천 관광 ⟷ 크게 동조 하지 않음 — 부모의 뜻에 반대는 안 했으나 크게 공감하지도 않음

5 고교 17세

교육학 전공을 추천. 교육학 전공에 대해 본격 검색 — 새로운 분야 추천 교육학 ⟷ 반대의 뜻 표시 — 본인의 적성에 맞지 않는다는 의지를 표명

6 고교 18세

아이의 희망과 의지를 존중. 전공별 대학 순위 탐색. 최적 대학 선택 — 아이의 의사 존중 직업 탐색 ⟷ 하고 싶은 전공 제시 화학 — 화학 선생님의 영향을 받음. 화학 성적에서 뚜렷한 향상을 보이며 화학 전공을 희망함

7 대학 20세

희망하는 세부 전공에 대한 아이의 의사 존중. 아이의 선택에 대해 만족 — 세부 전공 의사 존중 ⟷ 심화 전공 제시 생화학 — 대학 입학 후 본인이 하고 싶은 세부 전공을 정함. 미래 직업에 관한 다양한 꿈을 피력함

4. 중등 3학년, 16세

검색을 거듭하면서 아이의 성향과 맞지 않을 것 같다는 판단을 하게 됨. 유학 시절 다양한 해외 체험을 바탕으로 하여 관광 관련 직업을 추천하고 목표 대학 등을 설명해줌. 부모 뜻에 반대하지 않았으나 큰 공감은 없었으며, 특히 아이의 얼굴에서 즐거움을 찾기 힘들었음.

5. 고교 1학년, 17세

대학 진학 시기가 다가오면서 다시 새로운 타깃을 정하기 시작함. 교사가 매력적으로 생각되어, 교육학, 특히 테솔TESOL을[12] 전공할 것을 강하게 권함. 처음 아이의 반발을 느꼈고, 대학 진학을 위한 전공 찾기는 공전을 계속함.

6. 고교 2학년, 18세

화학 선생님의 영향을 받으면서, 화학을 전공하고 싶다는 본인의 의지를 강하게 표출함. 아이의 선택을 존중하고 아이가 최대한 만족하는 길로 갈 수 있도록 대학과 직업에 대한 정보를 같이 수집함.

---

12 Teaching English to Speakers of Other Languages, 비영어권 국가 학생에게 영어를 가르치기 위한 교사를 양성하는 과정

7. 대학 1학년, 20세

대학 선택에서 밝아진 아이의 모습을 확인할 수 있었음. 특히 대학 진학 후에는 본인이 선택한 전공에 대하여 만족하며 수업 시간이 재미있다고 표현함. 세부적으로는 생화학을 전공하고 싶다고 미래에 대한 구체적인 청사진을 제시함.

2살 터울인 둘째 아이와는 첫째 아이를 대하면서 터득한 경험으로 다소 여유 있고 느긋한 생각으로 소통할 수 있었다. 하지만 둘째 역시 만만치 않은 과정을 거쳐서야 본인이 희망하는 곳을 찾을 수 있었다.

1. 초등 3학년, 10세

첫째 아이와 비슷한 과정을 겪음. 부모가 희망하는 직업을 정해놓고 아이가 그곳으로 가주었으면 하는 바람을 표시함. 직업의 장점을 아이에게 집중적으로 설명함. 첫째 아이와 같이 의사, 변호사 등의 직업을 주로 권함.

2. 중등 2학년, 15세

직업 적성 테스트에서 속 시원한 답을 얻을 수 없었음. 아울러 첫째 아이에 대한 고민이 깊어 둘째를 꼼꼼히 살피지 못했음. 부모의 강권은 도움이 되지 않는다는 학습 효과가 있어서 좀 더 천천히 아이를 살피기 시작함.

3. 중학 3학년, 16세

선호하는 분야를 직접 표현하지 않았으나 디자인, 특히 창조성을 표현하는 학교 숙제에 유달리 흥미와 열심을 보이는 모습을 발견함. 다양한 색깔과 기호를 섞어서 작성한 입체감 가득한 노트는 담임 선생님이 후배를 위해 기증해 달라는 부탁을 할 정도였음.

4. 고교 1학년, 17세

건축 쪽 전공을 마음에 담고 있던 둘째의 안과 검사결과, 녹내장 가능성이 있다는 진단을 받음. 눈의 피로가 많을 건축 분야는 피했으면 좋겠다는 부모의 뜻을 전함. 아이는 수용했지만 다른 전공을 찾지는 못함.

5. 고교 2학년, 18세

대학 진학이 다가오고 아이의 선택이 고심에 고심을 겪는 사이, 부모의 강권이 다시 시작됨. 아빠의 전공인 물류를 권하고 경영대학에서 공부하기를 독려함. 아빠의 뜻에 따라오기는 했지만 피동적이고 즐거움도 없어 보임.

6. 대학 1학년, 20세

물류 관련 경영대학에 합격하고 최종 등록만 남은 상태에서 도시공학을 전공하고 싶다고 본인 의사를 표시함. 많은 고심 끝에 둘째의 의견을 존중하고 진로를 바꿈. 아이의 표정이 밝아지고 전에 없던 활력을 느낄 수 있음. 도시공학으로 최종 진로를 확정함.

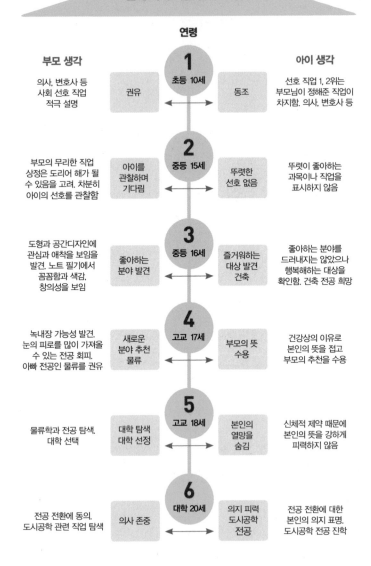

둘째 아이 직업 선호 변천사

연령

부모 생각   **아이 생각**

1 초등 10세

의사, 변호사 등 사회 선호 직업 적극 설명 | 권유 ↔ 동조 | 선호 직업 1, 2위는 부모님이 정해준 직업이 차지함. 의사, 변호사 등

2 중등 15세

부모의 무리한 직업 상정은 도리어 해가 될 수 있음을 고려. 차분히 아이의 선호를 관찰함 | 아이를 관찰하며 기다림 ↔ 뚜렷한 선호 없음 | 뚜렷이 좋아하는 과목이나 직업을 표시하지 않음

3 중등 16세

도형과 공간디자인에 관심과 애착을 보임을 발견. 노트 필기에서 꼼꼼함과 색감. 창의성을 보임 | 좋아하는 분야 발견 ↔ 즐거워하는 대상 발견 건축 | 좋아하는 분야를 드러내지는 않았으나 행복해하는 대상을 확인함. 건축 전공 희망

4 고교 17세

녹내장 가능성 발견. 눈의 피로를 많이 가져올 수 있는 전공 회피. 아빠 전공인 물류를 권유 | 새로운 분야 추천 물류 ↔ 부모의 뜻 수용 | 건강상의 이유로 본인의 뜻을 접고 부모의 추천을 수용

5 고교 18세

물류학과 전공 탐색. 대학 선택 | 대학 탐색 대학 선정 ↔ 본인의 열망을 숨김 | 신체적 제약 때문에 본인의 뜻을 강하게 피력하지 않음

6 대학 20세

전공 전환에 동의. 도시공학 관련 직업 탐색 | 의사 존중 ↔ 의지 피력 도시공학 전공 | 전공 전환에 대한 본인의 의지 표명. 도시공학 전공 진학

아끼는 미덕을
가지고 살아갈 수
있기를

유학 시절, 일요일 아침이면 참새가 방앗간을 그냥 못 지나가듯 들르는 곳이 있었으니 그곳은 바로 카 부츠^{Car Boots}였다. 우리식으로 하면 벼룩시장인데, 동네 제일 널찍한 광장에서 주로 이루어졌다. 가난한 살림살이에 이곳에서 잘만 건지면 목돈 들이지 않고 세간이며 갖가지 생활도구를 구할 수 있었다. 유학 초기, 나름 큰돈이 필요한 식탁과 책상 같은 가구도 이곳에서 구입했다. 자가용이 없던 시절이라, 이곳에서 구입한 무거운 식탁을 아내와 힘들게 집으로 옮겼던 기억이 새롭다. 10파운드도 채 안 주고 샀지만, 오랫동안 우리 가족은 식탁에서 즐거움과 행복함을 나누었다.

부츠^{boots}는 영국에서 차 트렁크를 의미하는데, 물건을 팔고 싶은 사람이 자동차에 물건을 싣고 와 트렁크에 진열하고 파는 데서 유래되었다. 보통 아침 7시부터 시작되고 점심나절이면 파장한다.

제법 큰 광장이 물건을 처분하고 싶어 하는 사람들로 가득 차곤 하였다.[13]

유학생활이 그럭저럭 정착되고 대략 살림살이가 갖추어지고 난 후에도 카 부츠는 일요일 우리 부부의 단골 방문코스였다. 일요일 아침을 느긋하게 먹고 산책 삼아 가곤 했다. 아침에 능장을 부리며 늦게 도착한 날은 입장료 1파운드를 내고 입장하였고, 쓸 만한 물건은 다 빠져버렸기 때문인지 한 바퀴를 꼼꼼히 돌아도 신통한 물건을 찾기 어려웠다. 그저 재미 삼아 다니던 카 부츠에서 우연히 아이들 반 친구의 부모를 만나기도 했다. 첫째 아이 반 친구의 아빠가 필요 없는 물건을 처분하러 나온 모양이었는데, 판매는 그다지 신통치 않아 보였다.

반년 정도 재미 삼아 다니다가 드디어 관심이 가는 수집 품목을 찾았다. 영국 주택가를 다니다 보면 심심치 않게 집의 건축 연도가 벽에 쓰여 있는 것을 보게 되는데, 100년 정도 된 집은 오래되었다고 말하기도 쑥스러울 정도로 고옥古屋이 많았다. 카메라 앵글을 어느 방향에 두고 촬영해도 중세시대를 그대로 재현할 수 있다는 이야기는 허언이 아니었다.

---

13 한국에서 카 부츠는 2013년에 대구 YWCA가 주관하고 대구백화점에서 후원하는 행사로 진행되었다. 부산 신세계백화점 센텀시티는 '아름다운 가게'와 연계해 수익금 일부를 기부하는 카 부츠를 개최하기도 했다. 인천 송도에서는 2013년 국제 벼룩시장이 열려 만 명 이상이 나눔을 체험하였다.

이러한 환경이다 보니 이들이 그토록 아끼고 가꾸는 영국 집에 대한 관심이 커지기 시작했다. 그러던 어느 날, 카 부츠에서 영국 집 미니어처를 만나게 되었다. 노부부가 가져온 미니어처가 그렇게 마음에 들 수 없었다. 카 부츠에서 파는 상품치고는 제법 비싼 가격이었지만, 너무나 행복하게 마음에 꼭 드는 수작을 모실 수 있었다.

처음 구입한 시기가 상당히 오래되었을 만도 한데, 놀랍게도 세월의 때가 묻은 구매 당시의 종이상자와 설명서를 같이 포장해주었다. 순간 상자 하나도 무심히 버리지 않는 알뜰함에 진한 감동을 받았다. 미니어처와 함께 노부부의 알뜰함도 덤으로 받아온 셈이다.

마음에 담은 수집 목록이 생긴 이후 카 부츠를 바라보는 시선이 달라졌다. 늦은 아침을 먹고 어슬렁거리며 다녀서는 마음에 드는 미니어처를 만나기 어렵다는 판단이 들었다. 카 부츠가 열리는 시간에 맞추어 일찍 가는 쪽으로 전략을 바꾸었다. 빨리 입장할 때는 입장료가 2파운드로 비싸진다는 것도 이때 알았다. 좋은 물건이 많은 이른 시간에는 좀 더 가격을 치르는 것이 당연하다는 주최 측의 계산도 일리 있어 보였다. "일찍 일어난 새가 먹이를 잡는다"는 속담이 딱 맞았다. 이때부터는 주말에 허탕을 치고 오는 일이 점점 줄어들었다.

미니어처 모으는 일에 관심이 많이 가 있었지만, 방문할 때마다

이들의 알뜰함에는 혀를 내두를 정도였다. 이런 모습을 아이들에게도 꼭 경험하게 해주고 싶었고, 아이들과 동행하면서 현지 사람이 사는 모습도 보고 함께 소통하며 그들의 알뜰함을 몸소 체험하게 하였다. 그냥 버려질 물건은 없다는 것을 이들을 통해 알게 되었다. 이후에도 가격이 조금 비싸다 싶으면, 어김없이 구입 당시의 박스와 설명서를 새로운 주인에게 전하는 모습을 심심치 않게 보았다.

이들이 사는 주택 역시 100년이 훨씬 넘은 집이다. 잘 가꾸고 리모델링해서 외부는 고풍스럽지만 내부는 현대적이다. 전통과 현대가 공존하는 공간으로 탈바꿈해서 살아가는 알뜰함과 근검의 지혜가 느껴진다.

카 부츠에는 가끔 해외로 이사 가는 사람이 살림살이를 처분하러 오기도 했다. 5톤 정도 되는 대형트럭에 내일 지구를 떠나는 사람처럼 집에서 쓰던 모든 물품을 싣고 와 떨이로 팔았다. 프라이팬, 냄비부터 온갖 살림살이가 새 주인을 찾고 정리가 된다. 서로에게 도움이 되는 유익한 거래방식이다. 유학생활이 끝나고 집을 정리할 때는 나도 이들의 삶의 방식과 많이 닮아 있었다.

중고가구 매입회사에 처분을 의뢰했는데, 이런 가구도 사줄까 싶던 것까지 다 사갔다. 처음 이사 와서 이틀 정도를 끙끙거리며 만든 조립식 침대는 낡을 대로 낡아버려 침대로서는 매력적이지 않은 상태였다. 그래도 이날 우리 집을 방문한 매입업자 피터 아저

씨는 꼼꼼히 침대를 분해해서 알뜰하게 챙겨갔다.

유학을 떠나기 전, 아파트 현관에 덩그러니 내놓았던 신혼 시절 가구가 떠올랐다. 얼마나 오래일지 모를 유학이어서 안타까운 마음으로 쓰레기 처분비까지 내면서 버린 장롱과 침대가 마음에 걸리고 그리웠다. 직장 근처로 이사할 때도 이사 들어갈 집과 크기가 맞지 않는 가구를 처분할 것인지 말 것인지를 며칠 동안 고민했다. 이 가구가 새로운 주인을 만나 잘 사용되기를 바라는 마음에 수소문해서 중고업체를 찾았다. 이사 당일 중고가구를 처리하는 그분의 일성이 지금도 귀에 쟁쟁하다.

"쓸 만큼 사용하셨네요. 이 정도면 쓰레기예요."

하지만 내 마음에는 여전히 빛나고 아름다운 가구고, 새로운 주인을 만났으면 하는 마음이 간절했다. 우리는 물건의 유효기간을 정해놓고 너무 빨리 폐기하지는 것은 아닐까? 유학생활이 곤궁했기 때문이기도 하지만, 알뜰함이 몸에 밴 현지인들과 소통하면서 우리 가족은 알뜰함의 인자를 마음속 깊이 새기게 되었다.

세월이 지나 첫째 아이가 유학생활을 하고 있다. 1년간의 대학생활이 끝나고 전화로 귀국 일정을 이야기하던 아이에게서 카 부츠의 경험이 묻어나오는 것을 느꼈다.

"담요는 세탁기에 빨고 건조해서 보관하렴. 비닐 같은 것에 잘 싸서 넣어두면 좋은데."

"걱정하지 마세요. 담요 살 때 받았던 큰 비닐을 버리지 않고 잘 보관하고 있었어요. 그걸 쓰면 돼요."

우리 부부도 아이들도 알뜰함을 미덕으로 여길 수 있어서 얼마나 감사한지 모른다. 아이들이 나눔을 큰 가치로 지니고 살아갈 수 있기를 기원한다.

미리 준비할 때
안전한 삶이
온다

한 손에 지도를 들고, 배낭은 뒤로 메고, 다른 한 손은 아이를 데리고 로마 거리를 이리저리 헤매고 있었다. 뒤따르는 아내와 막내 녀석을 대동하고 말이다. 걸음이 조금 빨라졌다고 느꼈을 무렵, 뒤에서 다급히 나를 부르는 아내의 목소리가 들렸다. 순간적으로 고개를 돌렸고 스치듯 2~3명의 현지 사내들이 내 곁을 지나쳤다.

시야가 확보되자 걱정에 가득 찬 아내의 얼굴이 보였다. 아내의 얘기인즉슨, 우리 가족 사이에 간격이 좀 벌어지자 사내 3명이 우르르 내 뒤로 모여들었고 배낭을 어찌할 것으로 보여서 순간적인 기지로 나를 불러 세웠단다. 이야기를 듣고 배낭을 살피니 정말 그 짧은 순간에 배낭을 헤집은 손길이 느껴졌다. 불쾌함이 채 식기도 전, 지하철역에서 나에게 급히 다가서면서 한국말로 말해주는 여자 분을 만났다.

"집시들이 붙고 있으니 얼른 옆으로 피하세요!"

영문도 모르고 허겁지겁 몸을 피해 전철에 올랐다. 나중에 들은 이야기지만 일부 집시들은 지하철 탑승 전 집단으로 갑자기 둘러싸면서 주의를 분산시키고 소매치기를 한다는 것이다. 몇몇 악명 높은 지하철역에서는 가방을 옆이나 뒤로 멘 여행객을 타깃으로 삼는 경우가 많단다.

외국에서 가족과 함께 연속적으로 아찔한 순간까지 갔다 오자 처음에는 씁쓸했고, 좀 더 시간이 지난 후에는 안전한 여행을 위해 여러 가지 정보를 찾아보고 숙지하고 올 걸 하는 반성이 들었다. 인터넷에서 '집시'와 '소매치기'만 검색해도 다양한 사연과 방지법이 회자되는데, 피하라는 한국 분의 말을 들으면서도 무슨 이야기인지를 몰랐으니 말이다. 아이뿐 아니라 어른에게도 낯선 곳에서 위험 회피 기술은 반드시 필요하다.

학생들과 현지 견학차 싱가포르에 방문했을 때의 일이다. 프로그램을 안내하는 분이 마약 운반에 연루되어 사형을 당한 경우를 이야기해주었다. 싱가포르에서 마약은 자기 것이 아니더라도 소지한 것만으로도 엄중한 죄를 치르며, 마약 수송은 사형에 처한다. 비행기에서 안면을 익힌 사람이 부탁해서든, 우연히 무거운 짐을 들어준 경우든 자칫 평생 돌이키기 어려운 일에 처할 수 있다는 무서운 이야기였다. 현재 전 세계에서 이러한 일로 상당히 많은 수의 한국인이 옥고를 치르고 있다는 사실도 알았다. 현명한 부모의 지도만이 순간적으로 발생하는 이런 극도로 위험으로부터 아이를 구할 수 있을 것이다.

위험은 대부분 낯선 곳에서 무리에서 이탈하며 발생한다. 청운의 꿈을 품고 영국으로 유학 오는 학생 중에는, 입국의 관문인 히스로 공항에서 이민 가방에 가득 채운 물건을 포함해 모든 걸 통째로 잃어버리는 경우가 종종 있다고 한다. 입국장을 벗어나 잠깐 방심했기 때문이다. 이런 경우를 겪은 이들은 상당기간 후유증에 시달리기 마련이다.

낯선 곳에서 도드라질 때는 잠시의 안심도 큰일로 발전할 수 있음을 숙지해야 위험을 방지할 수 있다. 이럴 때에 대비하여 유학시절, 교육기관에서는 지역 경찰서의 협조하에 위험 회피에 관련된 조언을 들려주고 교육 후에는 알람 장치를 나누어주었다. 알람은 핀을 뽑으면 대단한 소리가 나게 한 장치인데, 위험한 상황에서 요긴하게 사용할 수 있었다.

우리 아이들은 전 세계를 무대로 삶을 영위할 것이다. 하지만 해외에서의 삶은 지역민 또는 원주민만 파악할 수 있는 상황을 포함하여 불확실성이 존재한다. 충분히 현지 문화를 습득하기 전에는 이방인에게 큰 위해가 될 수 있는 일들이 도사리고 있다. 하지만 위험을 회피하는 안목, 위험지역 및 행위를 점검하는 준비성, 부모의 세밀한 지도로 이러한 위해의 많은 부분이 해소될 수 있다.

오늘 아침에도 등교하는 아이의 등 뒤로 "큰길로 가렴!" 하고 잊지 않고 외친다. 이제 국외뿐만 아니라 국내에서도 위험 대비 교육이 필요한 때라고 생각한다. 지하철에서 돈을 빼앗기고 온 막내 녀석에게 유학 시절 받아온 알람을 들려 보낸다. 다음날 아침에는 더욱 열성적으로 "사람들이 많이 다니는 큰길로 가렴!" 하고 외친다. 마치 이 말이 부적이라도 되어 아이의 안전을 보장해줄 것 같아서.

태풍이 한반도에 상륙하면서 각종 매체는 숨 가쁘게 태풍의 진로와 대비사항에 대하여 쏟아내고 있었다. 불현듯 작년 태풍 때 강력한 바람의 위력으로 깨지기 일보 직전까지 갔던 아파트 유리창이 생각나 아이들과 함께 창문에 테이프 바르는 작업을 마무리했다. 작년 아파트단지 내에 있는 몇몇 가구는 강풍으로 창문 유리가 전파되는 손해를 입었고, 테이프나 젖은 신문지를 미리 창문에 붙여둔 가구는 그나마 낭패에서 비켜갔다는 후문을 들은 바 있었다. 테이프를 바르면서 대학교 첫 여름방학 때 했던 산행의 기억이 새삼스레 떠올랐다.

대학 신입생이라는 여운이 채 가시기도 전에 여름방학이 시작됐다. 고교 시절에는 누려보지 못한 이런저런 해야 할 일 목록을 작성하면서 머릿속은 이미 즐거운 상상으로 가득했다. 계획 가운데 단연 으뜸은 여행이었고, 대학에서 만난 친구 녀석과 단박에 야영 계획을 잡았다.

야영에 필요한 텐트며 식기류, 기타 관련 장비를 이리저리 빌리고 마련하기도 하면서 디데이를 기다렸다. 당시 날씨에 대한 정보는 TV 뉴스와 라디오를 통해 듣는 것이 전부였는데, 얼핏 주요 시간대 뉴스에서 여행 당일에 국지성 호우가 있다는 소식을 접했다.

여행 출발일, 우려와는 달리 다소 우중충하기만 한 날씨는 뉴스를 흘려들어도 되겠다고 생각한 결정적인 계기가 되었다. 목적지로 삼았던 산을 향해 버스를 타고 가면서 멀리 심상치 않은 먹구름을 보았지만, 여행의 낭만에 들뜬 대학 새내기들에게는 대수롭지 않을 뿐이었다.

산 입구에 도착하자 빗줄기는 제법 굵어지고 있었다. 애당초 집으로 다시 돌아가는 것은 생각도 안 한 터라, 친구와 나는 매표소 입구에서 일정을 고민하기 시작했다. 매표소에 의견을 물어보니 국지성 호우 때문에 등산은 위험하다는, 일기예보와 비슷한 이야기를 건네주었다. 하지만 어떻게 준비해온 산행이던가. 후진을 용납하기 어려웠던 혈기왕성한 풋내기들에게는 전진 카드가 훨씬 매력적이었다.

그렇게 우리는 빗속을 뚫고 산속으로 접어들었다. 혹 급한 일이 생기면 산장에서 묵기로 한 것이 그나마 위로가 되었다. 빗속에서 시작한 산행은 처음에는 내리는 비만큼이나 상쾌하고 후련했다.

노래도 부르고 흥도 내면서 걷기를 계속하였다. 내리는 빗줄기는 점점 굵어지고 비를 계속 맞고 있자 텐트며 산행 장비가 점점 무거 워지기 시작했다.

몸이 힘든 것이 느껴지면서 무리한 산행은 아닌지 걱정이 들기 시작했다. 제법 경사가 있는 길에 접어들자 바닥으로 흐르는 물줄 기가 점점 넓어지고 빠르게 움직이고 있음을 직감하였다. 젖은 옷 때문에 몸이 차가워지면서 무서운 기분이 들기 시작했다. 더는 산 행이 어렵다는 판단이 들었지만, 이미 체온이 떨어져 하산하기도 힘들었다. 빠르게 불어나는 물줄기도 큰 걱정이었다.

친구와 나는 근처에서 가장 안전하게 보이는 조금 높은 곳 바위 밑에 텐트를 치기 시작하였다. 간신히 텐트를 치고 추운 몸을 텐트 속에서 달래던 순간, 무서운 광경을 목격하였다. 조금 전에 우리가 올라왔던 길이 사나운 물줄기가 휘몰아쳐 내려가는 악마 같은 강 줄기가 되어 있지 않은가! 친구와 나는 물이 불어나서 우리를 덮치 지는 않을지, 바위가 무너지지는 않을지 시도 때도 없이 엄습하는 두려움과 조바심으로 좁은 텐트 안에서 전전긍긍하였다. 잠시 후 비가 조금씩 잦아들었다. 그렇게 위험한 순간이 지나가고 끓여 먹 었던 라면 맛은 내 인생 최고의 맛이었다.

지금 생각하면 젊은 날의 치기가 가득했던 아찔하기 짝이 없는 모험담이다. 아파트 유리창에 테이프 작업을 마무리하고 아이들에 게 아빠의 이 경험을 들려주었다.

"이제는 산에 대한 정보는 얼마든지 구할 수 있잖니. 스마트폰 앱만 잘 이용해도 전국에 있는 대부분 산의 위성지도뿐 아니라 등산로도 확인할 수 있거든. 손안에서 다룰 수 있는 정보를 활용해라. 아빠같이 위험에 자신을 놓아두면 안 된다!"

행복하고 안전한 삶은 미리 준비하고 대비하는 데서 오지 않을까? 푸르고 싱그러운 시절을 맞이할 우리 아이들이 젊은 치기로 위험에 처하기 전에 안전에 대한 '촉수'를 심어주어야 한다. 우리 부자는 다음과 같은 이야기를 나누며 대화를 끝맺었다.

"너희도 예쁜 여자 친구가 생기겠지? 영화관에 가면 꼭 비상구를 확인하고 자리에 앉으렴. 친구를 좋아하는 만큼 지켜주어야 하잖니."

새벽녘 둘째 아이가 외국에서 카카오톡 메시지를 보내왔다. 잠결에 문자를 보다가 잠이 달아났다.

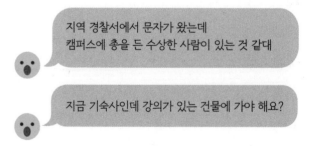

지역 경찰서에서 문자가 왔는데
캠퍼스에 총을 든 수상한 사람이 있는 것 같대

지금 기숙사인데 강의가 있는 건물에 가야 해요?

가슴이 철렁했다. 득달같이 전화를 했다.

"기숙사 1층 사감에게 내려가서 문자를 보여주고 내용을 물어봐. 폐쇄되는 건물이 어디인지도 물어보고. 수업이 있는 건물이 폐쇄되면, 해당 교수님께 전화해서 수업 여부를 확인해. 상황이 끝나지 않으면 저녁은 기숙사 방에서 해결하고, 저녁 운동도 잠시 쉬렴. 혹시 식당에서 식사하다가 총소리가 들리면 식탁 아래로 들어가서 머리를 감싸고 납작 엎드려야 한다!"

둘째 아이에게 여러 가지를 조언을 정신없이 쏟아내는 내 마음 속에 광풍이 불고 있었다.

"수업이 있는 건물에 총기 소지가 의심되는 사람이 있어서 건물을 폐쇄했대요. 전화해보니 교수님이 오늘 수업은 안 하신다고 해요. 식사는 다른 건물에서 하는데 기숙사 사감에게 상황을 물어보고 끝나면 갈게요."

상황이 끝날 때까지 마음이 진정되지 않았다. 다행히 경찰서에서 의심되는 사람을 검거하고 처리가 끝났다는 문자를 받았다. 이로써 새벽에 벌어진 한바탕 소용돌이는 마무리되었다. 다시 한 번 되뇌어본다. 위험 관리 기술은 우리 아이들이 꼭 익혀두어야 할 필수사항이다.

이번에는 아이들이 겪었던 다른 측면의 위험 사례를 살펴보자.

"제 휴대폰으로 은행이라고 연락이 와서, 계좌가 정지되었으니 계좌번호하고 비밀번호를 알려달라고 했어요. 전화를 끊고 바로 은행에 전화를 걸어서 직원과 통화했고요. 은행 직원이 계좌 관련 비밀번호 등을 다시 세팅하자고 해서 처리하고 왔어요."

한국 시간으로 새벽녘에 첫째 아이에게서 온 전화였다. 유학을 떠난 지 불과 두 달 만의 일이었다. 가슴 한편을 쓸어내리면서, 그 동안 여러 차례 한국에서 관련 뉴스를 접할 때마다 밥상머리에서 했던 교육이 효과를 보는 것 같아 고맙기 그지없었다. 그때가 등록 금을 내는 시기여서 아이의 계좌에 등록금을 송금해놓은 상태였 다. 위험 회피 교육이 없었다면 계좌의 등록금은 두고두고 안타까 운 사연으로 남았을 것이다.

외로움을
지혜롭게
넘기는 법

　대학에서 처음으로 해외연수를 가는 학부 학생이나 대학원생들에게 당부하는 말이 있다.

　"한국에서 발휘하는 능력과 에너지를 100%라고 하면 해외에서는 대략 50~70%밖에 구현되지 않아. 물론 도착한 처음 몇 주는 훨씬 더 낮을 수 있고. 그러니 출발 전에 될 수 있는 대로 많이 준비하도록 해. 공동 작업을 한다면 충분히 진도를 나간 후 현지로 가야 성공 확률을 높일 수 있어."

　문화적 · 언어적 차이와 미디어로만 볼 때는 알기 어려운 현지살이의 어려움 등을 포괄적으로 계산하라는 것이다. 관광이 아닌 무언가를 성취할 목적으로 외국 생활을 할 때는 적지 않은 어려움과 고독이 함께하기 마련이다. 하물며 갓 혼자살이를 시작한 우리 아이들은 더욱더 외로움을 느낄 것이다. 따뜻한 가족의 품이 사무치게 그리운 순간에는 최신 통신수단도 무용지물일 수밖에 없다.

한 달여 정도의 공동연구 일정으로 홀로 외국 생활을 할 때였다. 인생살이에서 이런저런 일을 많이 겪었다고 생각했고 그럭저럭 자유를 만끽하리라 낙관했지만, 며칠이 지나지 않아 참담한 수준으로 변했다. 홀로 점심을 해결해야 한다는 무거운 책무를 가지고 시내를 다니다 결국 용기가 없어 식당에 들어가지 못하고, 마켓에서 산 빵으로 해결하던 일도 부지기수였다.

사회생활을 하면서 강철 같은 뻔뻔함을 키웠고, 웬만한 것에는 감흥도 두려움도 없는 처지에도 이렇게 간간이 찾아오는 외로움을 느끼는데, 하물며 이제 둥지를 떠난 아이는 얼마나 절절한 고독을 느낄까. 낯선 환경, 홀로인 나, 가족과 떨어져 있는 순간. 다양한 독립 연습에도 불구하고 후유증이 따르기에 십상이다.

큰 아이가 대학에 진학하고 9개월 정도가 지났을 즈음, 2주 정도 연락이 잘되지 않았다. 그동안 집에는 한 번도 오질 못했지만 잘 견뎌주고 있어서 대견하기도 하고 안쓰럽기도 했다. 간신히 전화를 한 녀석의 목소리에서 외로움의 그림자가 느껴졌다. 그나마 그동안의 독립 연습이 9개월 정도를 버티게 했던 모양이다.

같이 있다는 느낌과 즐거움을 주기 위해 가족 모두가 전화기에 대고 번갈아가며 힘을 불어넣었다. 아이가 조금이라도 입가에 웃음을 떠올리기를 바라는 마음으로 카카오톡에서 즐겁게 만든 이

모티콘을 수시로 날리며 전전긍긍했다. 외로움과 무기력을 이기는 데 좋은 글을 찾아 아이 이메일로 득달같이 보내기도 했다. 그리고 염원했다.

'첫 독립의 후유증을 잘 넘겨주렴. 앞으로 좀 더 단단해지고 행복한 인생을 만들어갈 수 있을 거야.'

다음은 내가 실천하는 우울한 생각에서 탈출하는 방식이다.

1. 하루에 좋은 생각과 나쁜 생각은 섞여서 뒤죽박죽 다가온다.
2. 나쁜 생각은 훨씬 강한 네거티브 에너지를 가지고 있어서 항상 먼저 떠오르고 오랫동안 생각을 지배한다.
3. 의식적으로 생각의 순서를 바꾸어라. 잠자리에서 일어나는 순간부터 좋은 생각을 먼저 하도록 연습하자. 없다면 만들어서라도 할 필요가 있다.
4. 나쁜 생각은 제일 나중에 잠시만 하자. 걱정한다고 해결되지 않는 일은 날짜가 닥치기 전까지 가급적 생각에서 끄집어내지 말자.

때로 우울한 감정은 걱정과 함께 다가와 증폭되기 십상이다. 이를 해결하기 위한 현자들의 몇 가지 팁을 살펴보면 다음과 같다.

자신이 통제할 수 없는 일에 대해 걱정하는 것은 이치에 맞지 않는다. 걱정해봐야 소용없는 일이기 때문이다. 스스로 통제할 수 있는 일에 대해 걱정하는 것 또한 이치에 맞지 않는다. 왜냐하면 그 일은 이미 걱정할 필요가 없는 것이기 때문이다.

-웨인 다이어의 '걱정을 이기는 방법'

고민을 깔끔하게 정리하는 방법은 종이에 적어보는 것이다. 무수한 걱정거리 가운데 반만이라도 써보면 도움이 된다. 6가지를 적는다면 3분의 1은 사라질 것이다. 나머지 2가지 정도는 저절로 해결된다. 그리고 나머지는 어떻게 할 수 있는 게 아니다. 그것을 내가 왜 걱정해야 하나?

-윈스턴 처칠의 '걱정에서 벗어나는 노하우'

부모에게
늘 다가서는
마음 길러주기

중학교 시절을 떠올려보면 산골생활의 추억으로 가득하다. 높은 산을 좌우 앞뒤에 두고 살았던 덕분에 요즘에는 큰마음 먹고 주말에나 오름 직한 봉우리를 무시로 넘나드는 일이 다반사였다. 진달래가 피기 시작하는 봄에는 개구쟁이들과 함께 꽃잎을 따고 놀며 허전한 속을 달랬고, 여름철 산딸기, 달래, 머루, 그리고 가을철 지천으로 널린 과일들을 간식 삼아 놀이는 계속되었다.

그럭저럭 세월은 고등학교 진학철로 다가섰다. 목돈이 들어가는 큰 도시로 유학을 결정하고 난 후부터 유년의 풍성한 기억은 학업을 중심으로 한 현실적이고 메마른 것들로 채워졌다. 대학입시의 압박이 심해질수록 유년의 추억을 떠올리는 날이 많아졌고, 그 속에는 언제나처럼 산골에 남아 계신 부모님이 늘 함께했다. 고등학교 입학 날, 기차로 세 시간을 오신 어머니는 아들과 헤어지는 것이 안타까워 눈물 바람으로 산골 마을 집까지 다시 세 시간을 돌아가셨다.

고교생활의 유일한 낙은 주말에 시골집에 가는 것이었다. 동네 입구까지 마중 나오신 어머니의 손을 꼭 잡고 집으로 향하면 꼭 잃어버린 실낙원에 다시 온 듯 한없는 푸근함을 느꼈다. 삶의 활력소와 에너지 충전은 그저 부모님 곁에 잠시 머물다 오는 것으로 충분했다.

삶의 여울목이 여러 번 휘감고 지나가고, 아내와 아이들을 품은 가장이 된 후에는 가끔 전화로 안부를 여쭙는 죄송스런 아들이 되었다. 그리도 따뜻하게 영혼을 위로받고 한시라도 곁에서 떨어지고 싶지 않던 유년 시절의 나를 꺼내보며 가끔 소스라치게 놀라곤 한다. 세월이 지나 가족을 외국에 보내고 기러기 아빠 생활을 하게 되면서 부모님과 같이 있게 되었다.

"내가 너를 어려서 타지에 보내놓고 따뜻한 밥을 못 먹여서 늘 가슴이 아렸는데, 이제라도 같이 있으니 그때 아쉬움이 한결 내려앉는다."

이렇게 말씀하시던 어머니는 내가 퇴근하는 시간이면 늘 마을 어귀에 나와 계셨다. 어귀에서 마주친 동네 분들에게는 따로 묻지 않는데도, 우리 아들을 기다리는 중이라고 소매를 끌어당기며 자랑하셨다. 더운 여름, 추운 겨울 할 것 없이 그렇게 집에 계시라고 성화를 해도 막무가내셨다.

가끔 어머니 손을 꼭 잡고 집으로 돌아가면서 고향 집으로 향하는 고등학생인 나를 발견하곤 했다. 어머니의 따뜻한 손길을 느끼며 직장에서 있었던 일을 일러바치기도 하고, 간식 몇 가지를 사다 저녁에 같이 먹기도 하면서 부모님의 세상살이에 귀를 기울였다.

한 번도 속내를 보이지 않던 아버지가 가장으로 홀로서기를 했던 과정이며, 맏며느리로 시부모님을 모시고 시동생과 시누이의 도시락을 싸면서 부모 역할까지 해야 했던, 눈물 없이는 듣지 못할 어머니의 지난한 세월을 접하노라면 이야기를 하는 부모님도 듣는 나도 한결 마음이 정리되는 느낌을 받곤 했다. 그렇게 가장이 된 이후에 부모님 곁에서 보낸 몇 년은 놓치고 살았던 것들을 상기하게 하였다.

요즘 휴대폰을 사면 별별 옵션이 다 끼어 있는데, 무료 통화도 그중 하나다. 시시콜콜 따져보면 이것이 분명 공짜가 아님을 금세 알겠지만, 무시로 부모님께 전화할 계기가 생긴 것 같아 마음이 넉넉해진다. 날씨가 좋아도 흐려도 비가 많이 오고 눈이 와도 이야깃거리가 생기니 때때마다 옆에 계신 것처럼 전화로 이야기를 건넨다. 처음에는 어색해하시더니 이제는 익숙해지셨나 보다. 이러한 마음을 키운 것은 기러기 아빠 시절 부모님 곁에 있을 때다. 가족과 떨어져 있기에 느끼는 나의 절절한 마음과 부모님이 내게 느끼는 사랑이 같음을 뒤늦게 깨달았다.

요사이 택배는 매우 편리하다. 주문만 하면 온갖 것들을 편리하고 안전하게 가져다주니 말이다. 조금 여유가 있으면 철철이 맛난 제철 음식을 부모님께 보내드리자. 마음의 여유를 조금만 가지면 무심히 지나가는 홈쇼핑 채널에서도 부모님을 떠올릴 수 있다. 시골에 계신 부모님께 가끔 선물 같은 택배를 받는 기쁨을 드리자. 아무도 찾지 않는 적막한 시골생활에서 자식의 따뜻한 마음을 느낄 수 있는 택배는 삶의 큰 행복이지 않을까?

휴가 계획을 세울 때는 부모님이 계신 시골을 들를 수 있게 해도 좋겠다. 부모님의 환한 모습을 보면 어느 풍광 좋은 명승지나 즐거운 오락도 미치지 못하는 대단한 기쁨을 느낄 수 있을 것이다. 부모님과 함께할 때는 손자 손녀의 없는 자랑거리라도 만들어서 수다쟁이가 되어보는 것도 좋은 방법이다. 이때는 조금의 허풍이나 하얀 거짓말도 용서되지 않을까 한다.

외국 생활을 하면서 우리 가족이 일요일에 꼭 하는 일이 하나 있었다. 한국과 시차가 있으니 시간을 계산해서 양가 부모님이 제일 전화 받기 편한 시간대에 한국으로 전화하는 일이었다. 우리 부부가 먼저 통화하고 아이들을 차례로 바꾸어 이야기하게 했다. 시간이 가면서 할머니 할아버지와 점점 길게 이야기하는 아이들을 보며, 가족 간의 우애는 거리의 문제가 아니라 마음의 문제임을 절실하게 느꼈다. 한국생활에 복귀하면서 가까워진 물리적 거리와는 반대로 주말에 전화하는 횟수는 오히려 줄어들었다.

언젠가 우리 아이들이 성장해서 부모 슬하를 벗어나면 우리 부모님이 그러셨던 것처럼 우리 또한 얼마나 아이들을 그리워하며 보내게 될까. 불혹의 나이가 훨씬 넘어 기러기 아빠 생활을 하는 중에, 동구 밖에 마중 나온 어머니의 따뜻한 손길에서 절절한 부모님의 사랑을 다시 깨달은 나의 회한을 아이들이 겪지 않게 하려면 어떤 노력이 필요할까.

"아이는 어른의 거울"이란 말을 절감한다. 기회가 될 때마다 아이들과 함께 부모님께 더욱 자주 전화하고, 다정다감하게 주변을 살펴드리고, 늘 부모님 곁에 마음을 두는 모습을 아이에게 보여주자. 부모에게 마음으로 다가서는 아이는 이렇게 내가 부모님께 다가설 때 만들어지지 않을까?

첫째 아이가 대학에 진학하면서 아이의 빈방을 찾는 일이 잦아졌다. 같이 있을 때는 몰랐던 것들을 아이의 빈방에서 회한으로 깊게 느낀다. 우울한 마음을 그나마 추스르게 한 것은 외국에서 생활할 때 꾸준히 했던 '일주일에 한 번씩 양가 할아버지 할머니께 전화하기'를 떠올리면서부터다.

유학 중인 아이에게 제일 편한 일요일 시간대, 우리 가족은 긴 호흡으로 그동안 밀린 이야기를 한다. 이런저런 바쁜 일을 다 제쳐놓고 소통의 시간을 착실히 지켰고, 아이의 혼자서기에 도움이 될 만한 것들을 가족들이 돌아가면서 이야기하였다. 첨단기술 덕분에 인터넷을 사용한 통화는 무료일 뿐 아니라, 아이의 얼굴도 보면서 이야기할 수 있으니 참 다행이다. 단단하게 홀로서기를 준비하는 아이의 목소리와 화상 너머 아이의 표정에서 안쓰러움과 기쁨이 교차한다.

사랑은 내리사랑이라고 했던가. 아이들만 챙기기 쉬운 일상에서 어버이날은 그나마 자식으로서 효의 도리를 다시 되새길 수 있는 뜻깊은 날이다. 시골에 계시는 어른들께 선물을 챙겨본다. 한없이 부족하지만, 그동안 봐두었거나 마음에 담아두었던 물건들이다. 유독 맛나하셨던 광천 김, 박하사탕, 누룽지 맛 사탕, 아버지 드릴 스킨, 로션, 흔들어 먹는 선식, 어머니 드릴 립스틱, 멋쟁이 가방, 카네이션, 그리고 정말 중요한 마음의 기원. 건강하시고 매사 즐거운 일만 가득하시길 바라는 마음을 선물꾸러미에 함께 담는다.

4장

무소의 뿔처럼
혼자서 가라

한적한 어항, 어촌

자그마한 어촌, 한적한 어항漁港에 몇 척의 고깃배가 묶여 늘어지게 한가한 오후를 보내고 있습니다. 햇살이 참 곱습니다. 언젠가 만선의 기쁨도 있었겠지요. 며칠을 쉬고 있었는지는 가늠해볼 필요도 없습니다.

뱃전으로 부서지는 보석 같은 햇살은 충분히 지난 역경의 보상이 되고도 남습니다. 그렇게 한가한 오후가 널브러져 있습니다. 어슬렁거리는 어촌 누렁이와도 자못 어울리는 풍경입니다. 안전하고 느긋합니다. 편안한 요람을 흔드는 것 같은 바닷물결에 큰 걱정은 이미 놓아버린 지 오래입니다. 어머니, 아버지 그리고 식구들이 함께하는 공간이 이러하지 않을까요. 세상 어느 곳보다도 안락하고 편안한 시골 어항, 우리 어머니, 아버지가 계시는 곳과 참 닮았습니다.

이런 생각도 해봅니다. 용기를 내어 이 안락한 항만을 벗어나지 않으면, 떠나보려고 아무런 결정도 하지 않으면 아이들에게 이곳은 늘 안락한 곳으로 남을 수 있을까요? 안쓰럽고 말이 떨어지지는 않지만, 우리 아이들에게 저 멀리 바다로 나가보라고 이야기해주어야 하지 않을까요? 약속된 것은 없습니다. 미래가 담보되어 있지도 않습니다. 하지만 펄럭이는 청춘을 펼쳐 보일 곳은 저 푸르디푸른 바다 한가운데 있을 겁니다.

거친 파도 끝에 언젠가 우리 아이들에게도 만선의 기쁨이 오겠지요. 만선 후에는 늘어지게 편안한 고향 같은 어촌마을이 기다리고 있을 겁니다. 그곳에서 부양해야 할 새로운 세대에게 넉넉함과 안락함을 선사할 수 있을 겁니다. 우리 부모 세대가 그러했듯이.

부모와 자녀가
자연스럽게 떨어지는
독립 연습

유학 시절, 가끔 아이의 학교 친구들이 보내오는 초청장을 받곤 했다. 내용인즉 하룻밤을 같이 보내면서 친구들과 함께 재미나게 노는 슬립오버sleepover에 와달라는 것이었다. 외국 문화에 대해 정확히 이해하지도 못한 상태에서 처음에는 걱정 때문에 선뜻 허락하기가 어려웠다. 하지만 초청하는 친구에 대한 소개며, 슬립오버 때 친구들끼리 하는 신 나는 놀이 등을 아이에게 들으면서 흔쾌히 허락하게 됐다. 아이는 어른보다 훨씬 빨리 친구를 사귀고 문화에 적응한다.

첫 슬립오버에 갈 때였다. 아이는 침낭과 세면도구를 챙긴 가방을 메고, 나는 와인 1병과 꽃다발을 들고 초청받은 집으로 향했다. 여전히 나의 경험과 정서에 비춰볼 때 이런 황당한 일을 하는 것이 마뜩잖았다. 하지만 초청받은 집의 문이 열리고, 부모를 따라 안내

받은 거실에는 이미 도착한 몇몇 아이들이 신 나는 표정으로 조잘대고 있었다. 벽난로 가에서 아이들이 자연스럽게 섞이고, 앞마당과 뒷마당에도 즐길 거리가 준비되어 있어서 아이들에게 신 나는 하룻밤이 되리라 예상할 수 있었다.

'우리도 유년 시절에 이런 경험을 했더라면 얼마나 좋았을까?'

순간 부러움도 스쳤다. 이후 우리 집도 초청장을 만들어서 아이 친구들을 불렀다. 바람을 가득 넣은 침대만 한 에어 매트부터 시작해, 아이들이 즐길 만한 놀이를 열심히 준비해 행사를 치렀다. 밤새 조잘대며 즐거워하는 아이들을 보며 오랜만에 우리 집에는 활기가 가득했다.

지금 생각해보면 서로 다른 환경의 가정을 방문하여 낯선 가족과 어울리고, 비록 하루지만 익숙한 자기 집에서 떠날 수 있도록 훈련하는 것은 유년 시절의 아이에게 대단히 소중한 경험이 아닐까 싶다.

아이에게 독립을 훈련시키고 부모도 준비를 마치면 아이는 스스로 자기 삶을 개척해나갈 수 있다. (이강렬·민은자, 2006)[14]

---

14 이강렬·민은자, 《가난한 아빠 미국에서 아이 공부시키기》, 황소자리, 2005, pp.50-51

이를 위해 부모와 아이는 떨어지는 연습을 해야 한다. 학교 캠프라든지 국토순례 대행진을 통해 헤어지는 연습을 하고, 의존하는 감정을 버리도록 훈련해야 한다. 서로 떨어져 있기, 하지만 아이나 부모 모두 흔들리지 않고 본연의 일을 할 수 있는 상태. 이런 고요한 감정을 만들어야 한다는 것에 우리 부부는 전적으로 동감했다.

여름방학이 다가오던 어느 날, 아이들을 해병대 체험캠프에 보내야겠다고 다짐하고 관련 물품을 사들이기 시작했다. 물론 아이들에게는 철저히 비밀로 했다. 하지만 갑자기 본인들과 상의도 없이 여벌의 운동화를 사들이는 부모에게서 이상한 눈치를 챈 것 같았다.

캠프 입소 일주일 전, 비장한 눈빛으로 체험캠프에 가야 하는 이유, 다녀오면 좋은 점, 캠프를 통해 배워야 할 점 등에 대해 말하는데 아이들의 표정이 어두워진다. 전달사항이 미처 끝나기도 전에 여태까지 한 번도 겪어보지 못한 아이들의 거센 저항에 맞닥뜨렸다. 억울한 표정으로 이해할 수 없다는 듯이 말을 잇는 아이들을 보면서 일방적으로 만든 급조한 독립 연습이 크게 잘못되었음을 직감했다. 그렇게 첫 독립 연습은 실패로 돌아갔고, 이를 계기로 아이들의 공감을 얻고 부모와 함께할 수 있는 독립 프로그램이어야 한다는 소중한 교훈을 얻었다.

첫째 아이가 고등학교 생활을 마감하는 겨울방학, 이전의 실패를 교훈 삼아 독립 훈련도 하고 땀 흘리는 아름다움도 느낄 수 있는 체험을 함께 찾아 나섰다. 이번에는 철저하게 아이와 정보를 공유하고 의견을 나누면서 진행했다. 결국 아이와 찾은 프로그램은 의약품 물류센터에서 박스 나르기, 포장하기, 짐 싣기, 하차하기 등을 시간 내내 몸을 꼬박 움직여 일해야 하는 정직한 체험이었다.

오후 1시부터 저녁 9시까지 박스와 전쟁을 치르며, 아이는 아름다운 땀의 의미를 온몸으로 체득하였다. 처음 며칠 동안 어려움을 겪었지만 얼마 후부터는 의젓하게 잘 적응해나갔다. 자신의 손으로 번 돈에 대한 귀중함을 알아가는 아이를 보면서 측은함과 대견함이 수시로 교차했다. 한 달 정도 시간이 흐른 뒤 아이는 마음의 키가 부쩍 자랐고, 새로 시작하는 대학생활의 첫 용돈도 해결하는 의젓함을 보였다.

대학에 입학할 때까지 공부에만 매달려야 하는 우리 아이들의 현실과 슬립오버 때 보았던 밝은 아이들의 모습이 겹친다. 독립 연습이 필요한 아이에게 부모는 어떤 체험을 만들어줘야 할까? 깊고 성숙한 고민이 아이의 독립을 한결 풍성하게 하지 않을까?

언제가 좋습니까?
아이 독립

대학교 3~4학년으로 구성된 학생 40명에게 물었다.

"여러분, 부모님에게서 독립해야 할 시점이 언제라고 생각하세요?"

"대학을 졸업하고 취업하면 그때가 독립 시점이라고 생각합니다."

어느 학생의 답변이 돌아왔다. 대부분 수긍하는 눈빛이었다.

"그러면 대학을 졸업하고 언제 취업이 될지 모르지만 그때까지 부모님이 여러분을 계속 돌봐줘야 한다는 거죠? 요새 취업이 아주 힘든데 취업할 때까지라는 건, 계속 부모님 신세를 지자는 속셈이 잖아요. 너무 하는 것 아니에요?"

학생들의 웃음소리가 전해진다. 그리고 어느 방송 프로그램에 나온 우스갯소리가 떠올랐다.

"자식 교육을 잘하려면 할아버지의 재력이 절대적이라고 합니다. 이런 식이면 할아버지는 지속해서 금전적으로 지원하고, 할머니는 손주를 돌보면서 양육을 한다는 이야기인데…….."

나는 학생들에게 질문을 계속 이어갔다.

"대학 졸업과 취업 이전이 독립의 시점이 될 수 있다고 생각하는 분, 손 한번 들어주세요!"

4명 정도의 학생이 손을 들었다. 한 여학생이 말했다.

"저는 20살이면 독립해야 한다고 생각해요. 성년이 된다는 의미도 있고 저는 부모님에게 벗어나서 혼자 살고 있어요. 용돈과 학비는 여러 가지 일을 하면서 제가 감당하고 있고요."

이어서 한 남학생도 답했다.

"저도 아르바이트를 열심히 해서 용돈은 제가 조달해서 씁니다."

"학비는 어떻게 하나요?"

"학비는 학자금 대출로 해결하고 있습니다. 졸업 후 취업을 하면서부터 상환하게 되어 있습니다."

이후 학생 2명도 비슷한 답변을 했다. 어떤 남학생은 군대에 갔다 온 이후를 독립의 시점이라고 했다.

이야기를 종합해보면, 우리나라 대학생은 '대학을 졸업하고 취업할 때까지' 부모님에게 의지하고 있고, 결국 독립 경계선은 취업 이후라는 것을 알 수 있다.

어느 TV 프로그램에서도 부모의 관점에서 아이들의 독립 시점을 물었는데 "결혼하기 전까지는 데리고 있겠다"가 대세였다. 이는 아이들이 생각하는 독립보다는 부모가 생각하는 독립이 더 늦으며, 결혼하지 않은 상태라면 나이나 상황에 상관없이 집에 머무를 수 있다는 결론에 도달한다.

유학 시절, 초등학교에 다니던 아이들의 또래 친구들을 보면서 많은 것을 느꼈다. 장래희망이 트럭 운전사, 게임 숍 주인처럼 소박하고 현실적이라는 데 놀랐고, 부모 역시 이를 큰 제지나 편견 없이 수용하는 모습에 또 한 번 놀랐다. 이러한 경향은 학문에 뜻을 두지 않은 학생은 자랑스럽게 직업 교육을 받고 사회로 진출하는 현상과 무관치 않았다.

영국 학생들은 11살이 되어 중학교에 입학하면서부터 장래가 자연스럽게 나뉜다. 학문에 구체적인 의지가 있는 아이들은 시험으로 선발하는 영재학교 그래머 스쿨Grammar School에 진학한다. 그래머 스쿨은 전체 학생의 약 5%만 진학할 수 있으므로, 여기서 낙방하거나 이를 희망하지 않는 아이들은 일반 평준화 학교인 종합학교Comprehensive School에 입학한다. 물론 개인의 수요에 맞추어 많은 학비 부담하는 사립학교인 독립학교Independent School에 진학할 수도 있다. 그래서 영국인들은 아이의 미래가 대략적으로 나뉘는 11살을 굉장히 중요한 의미로 받아들인다.

이후 5년간 중등교육을 마치면 전 학생을 대상으로 하는 중등교육 자격시험GCSE, General Certificate of Secondary Education을 보고 학업 성취도를 평가받는다. 대학 진학을 목표로 하는 학생은 대학준비 과정 학교Sixth Form School에서, 직업 자격 취득을 목표로 하는 학생은 직업교육 과정 학교Further Education College에서 공부한다.

귀국 후 한참이 지난 어느 날, 첫째 아이가 페이스북에 올라온 친구의 소식을 보여주었다. 직업교육 과정 학교를 이수하고 지역공동체에서 당당히 직업인으로 살아가는 아이 친구의 모습을 확인할 수 있었다. 대략 18살 정도에 의젓한 사회구성원이 되는 것이다. 이러한 선택에는 본인의 의지가 가장 중요하고 다들 이를 존중한다. 정말이지 부러움을 금할 수 없다.

다시 한 번 고민하게 된다. 과연 아이의 독립 시점은 언제가 적당할까? 대학생들의 중론인 '대학 졸업과 취업 후'일까, 아니면 부모의 생각대로 '결혼 후'일까. 18살에 의젓한 사회인이 되어 독립한 첫째 아이 친구의 모습이 겹친다.

아이들이
가슴 뛰는 일을
선택할 수 있도록

대학원 학위 과정을 마쳐갈 무렵이었다. 모두가 초조하게 직업과 직장을 선택하는 데 신경이 곤두서 있는 상황이라, 누가 어디에 취직했다는 소식은 그야말로 핫이슈였고 부러움이 하늘을 찔렀다.

대학원 재학 시절, 같은 실험실에서 공부하던 제3세계 출신 학생이 있었다. 대부분은 논문 통과가 확정되면 여유 있는 시간을 보내며 취업을 고민하는데, 이 친구는 졸업도 하기 전에 누구나 부러워할 만한 직장에 떡하니 합격하여 바람처럼 실험실을 떠나버렸다. 아직 원서조차 내지 못하고 서류만 만지작거리고 있는 동료들은 떠난 친구의 빈자리보다 훨씬 큰 상실감을 감내해야 했다.

얼마 후 졸업식장에서 이 친구를 만날 기회가 있었다. 그래서 어쩌면 그렇게 멋있게 해낼 수 있었는지 물었다.

"대학원에 입학하면서부터 세계 취업포털 사이트를 매일 검색

했어. 게시된 공고가 나에게 맞는 것인지 살폈지. 급여는 적당한지, 조건은 괜찮은지 말이야. 처음에는 전혀 감을 잡을 수 없더라고. 그런데 시간이 흐르면서 내가 가고 싶은 곳에 대한 그림이 대충 그려지고, 모집 기준이 나에게 맞는지 들어오기 시작했어.

성급하지 않게 천천히 공고가 나온 회사를 매일 생각하면서 나만의 직장의 모습을 그려보았지. 그리고 내가 해야 할 일, 필요한 것들을 준비하면서 때를 기다렸어."

나는 순간 무엇인가에 부딪힌 듯 멍한 기분이 들었다. 제3세계 학생들은 살아내기 위해 직장을 가져야 하고, 성공에 대한 간절함이 누구보다 강하다. 오랜 시간 가슴에 간직한 간절함은 결국 무섭도록 활활 타오르는 열정을 끌어냈고 하나의 목표를 향한 몰입과 겹합되면서, 이 친구를 모두가 부러워하는 직장에 안착하게 한 것이다. 친구의 말이 이어졌다.

"나는 매일 이력서에 의미 있는 한 줄을 적을 수 있도록 최선을 다했어."

친구가 나에게 날린 회심의 카운터펀치였다. 지나온 날을 돌이켜보며 옅은 현기증이 느껴졌다. 지금도 나는 친구의 이 말을 금과옥조처럼 생활에 새기고 있다. 오늘 나는 이력서를 새롭게 쓸 일을 했는가?

"항상 갈망하라, 항상 무모하라!Stay hungry, Stay foolish!"

스티브 잡스Steve Jobs가 2005년 스탠퍼드 대학 졸업식장에서 했던 이 유명한 말은 어찌도 이 상황과 정확히 일치하는지.

투자가 워런 버핏Warren Buffett이 어느 대학 강연에서 학생의 질문을 받았다.

"어떤 직업을 선택하는 것이 좋을까요?"

버핏의 대답은 다음과 같았다.

"자신이 좋아하는 일을, 할 수 있는 직업을 선택하십시오. 10년 후 부자가 되어도 선택하고 싶은 직업을 택하십시오. 직업은 단순히 먹고사는 방법이 아니라, 직업 그 자체가 바로 내 인생이기 때문입니다."

버핏의 말대로 성공적인 직업과 그렇지 않은 직업은 없다. 단지 성공적인 직업인과 그렇지 못한 직업인이 있을 뿐이다. 자신이 좋아하고, 성장 가능성이 있는 일을 선택하는 것이 중요하다.

대학에 임용되고 얼마 후, 미국에 입국할 때 있었던 일이다. 긴 줄을 기다려 입국심사관 앞에 섰다. 한두 가지 간단한 질문을 하고 나의 방문지가 미국 대학이며 공동연구가 목적임을 안 심사관이 가벼운 농담을 던졌다.

"교수라는 직업은 따분하고 지루하지 않아요?"

이후 한참을 생각해보았다. 피를 말리는 연구와 논문 작성, 치열한 대학 강의, 늦은 밤까지 캠퍼스를 밝히는 불빛들. 휴가도 제대로 가지 못하고, 큰돈을 버는 것도 아니다. 하지만 나에게 이 길은 충분히 즐겁고 행복한 일이다. 다른 사람의 눈에는 답답하게 보일지라도, 결국 내 가슴을 뛰게 하는 일이 무엇인지는 내가 가장 잘 아는 것 아니겠는가.

"인생의 절반은 직업 선택으로 결정된다. 당신이 사랑할 수 있는 일을 찾아야 한다."

직업의 중요성에 대한 잡스의 명언이다. 최근의 연구결과도 비슷하다. 직업 선택 기준 1위는 적성 25.9%이며, 2위는 안정성 23.1%, 다음은 소득 18.9%, 흥미15.6%, 성취감 7.1% 순이었다.

자신의 흥미와 재능에 맞는 직업을 선택하는 것이 얼마나 중요한지를 보여주는 또 다른 연구가 있다. 미국 스럴리 블로트닉Srully Blotnick 연구소에서 1,500명을 모집단으로 하여 20년간 추적 조사를 시행하였다. A그룹은 돈에 가치를 둔 집단으로 전체의 83%로 구성했고, 나머지 B그룹은 자신이 하고 싶은 일을 선택한 사람들로 이루어졌다. 20년 후 백만장자가 101명이나 탄생하였는데, 무려 100명이 B그룹 출신이라는 것이다.

"억만장자가 되기 위해서는 특수한 재능이 필요 없다. 최선을 다할 수 있는 것, 가장 즐길 수 있는 것을 찾으면 된다."

로스앤젤레스 출신의 자기계발 작가, 얼 나이팅게일Earl Nightingale의 통찰력과 정확히 일치하는 결과다. 돈만 쫓으면 인생의 흥미가 떨어지고 삶이 공허해진다. 내가 하고 있는 것을 이해하고 사랑하며 최선을 다하면 좋은 결과를 가져올 수 있다는 평범한 진리다.

그렇다면 대학생, 취업준비생, 심지어 직장인까지 고민하는 흥미를 기반으로 하는 직업은 어떻게 선택해야 할까? 아빠가 자녀의 행복한 독립을 위해 가장 고민하는 것이 직업 선택이니 말이다.

결론적으로 흥미, 능력, 성격이라는 삼박자가 맞는 직업을 택해야 한다. 흥미는 수개월 이상 마음속에 지속되면서 관심이 가는 현상을 말하며, 능력은 업무를 수행하는 데 필요한 지식이다. 지식 축적을 위하여 우리는 알맞은 교육기관을 선택한다. 성격은 섬세한가, 활달한가와 같은 개인의 특징을 말한다.

다시 대학원 시절의 그 친구가 생각난다. 직업 선택은 결코 한순간에 이루어지는 것이 아니었다. 부단한 성찰, 목표를 향한 노력, 오랜 시간 자신에 맞는 직업 그리기가 병행되어야 한다. 이런 측면에서 아이의 흥미, 성격, 능력을 어려서부터 가장 가까이 보아온 사람은 바로 부모다. 직업 선택을 마치 퍼즐 맞추듯이, 아이들에게 미래에 변치 않을 보석을 찾아주듯이 같이해야 할 이유가 여기에 있다.

아이들이 가슴 뛰는 일을 선택할 수 있도록 아빠의 세심한 관찰이 필요하다. 다음은 아이들의 직업 선택을 위해 내가 고민하고 조언한 것들이다. 기본적으로 아이 성격의 장단점과 좋아하는 것을 파악해야 한다. 초중고를 거치면서 유심히 살펴보면 대략 아이의 패턴을 이해할 수 있다. 변화하는 입시제도를 분석하고, 대학을 선택하고, 학과를 결정하는 것도 직업 선택을 위한 중요한 요소 가운데 하나다. 대학은 아이가 하고 싶은 공부를 마음껏 할 수 있는 곳이어야 한다.

대학기간 중에는 인턴, 아르바이트를 통하여 모의경험을 하도록 유도한다. 발로 뛰며 몸으로 자신의 적성과 흥미를 찾는 일, 미래 직업에 대해 지난한 고민을 해보는 일은 무엇보다 중요하다. 또한 지속적인 검색을 통해 원하는 직업과 회사의 전반적인 현황을 숙지하게 한다.

이력서를 만들어두고 매일 무엇을 채워 넣을 것인가를 고민하게 한다. 결국 경쟁력은 내실 있게 만든 이력서에서 나온다. 이 방법은 실제로 대학원생들이 입학하면 지도하는 사항 가운데 하나다. 처음에는 힘들고 어려워하지만 졸업 무렵에는 훌륭하게 채워 넣은 이력서를 만들어낸다. 이 서류를 가지고 원하는 직장에 취업하는 제자를 보는 것은 커다란 보람 중 하나다.

"당신이 사랑하는 일을 선택하면, 평생 하루도 일하지 않아도 될 것이다."

공자의 말씀이다. 우리 아이들에게 가장 중요한 것은 아빠가 손잡고 무엇을 좋아하는지 끝없이 살펴보고 발견하는 것이다.

배운 것을
실천하며,
인생을 즐기며

말레이시아 탄중 펠레파스Tanjung Pelepas 항만을 견학했을 때의 일이다. 유럽과 아시아를 통하는 전 세계 해상물동량은 반드시 말라카 해협을 통과하게 되어 있고, 그 중심에는 싱가포르가 있다. 싱가포르 항만을 통해 수많은 교류가 이루어지고, 중국이 부상하기 전까지 오랜 기간 부동의 세계 1위 항만이었다.

하지만 다윗과 골리앗의 싸움을 연상시키는 말레이시아의 도전이 시작되었다. 탄중 펠레파스 항만이 싱가포르 항만을 상대로 힘겨운 경쟁을 시작한 것이다. 그런데 탄중 펠레파스는 믿기 어려울 정도로 훌륭한 선전을 계속하고 있다. 이들의 동력은 무엇일까? 첨단장비, 항만시설, 잘 정비된 부두? 현장에서 접한 이런 하드웨어는 선진 항만이라면 모두 갖추고 있는 그리 비범하지 않은 사항이었다.

이런 생각을 하고 있는데, 한 말레이시아 청년이 안내인으로 들어섰다. 자신감 있으면서도 겸손한, 그리고 편안한 그의 몸짓은 프로그램에 참여한 모두의 호감을 살 만했다. 조각 같은 외모는 아니지만 균형 잡힌 체구와 옷맵시는 신선한 자극과 매력을 주었다.

첨단장비만 가지고 세상을 지배한다면 세상은 얼마나 무미건조할까? 하드웨어도 중요하지만 '빛나는 사람'이라는 소프트웨어가 얼마나 귀한지를 절감한 순간이었다. 우리 아이들이 멋지게 성장하면 꼭 저만큼의 감동과 사랑을 사람들에게 줄 수 있기를 기원했다. 아이의 빛나는 사회생활을 위해 아빠는 어떤것을 알려주어야 할까? 가장 먼저 떠오른 것은 목표와 열정이다.

"진정한 열정은 숨 쉬는 것처럼 자연스럽게 느껴져야 한다!"

오프라 윈프리Oprah Winfrey의 이 말이 탄중 펠레파스에 서니 더 깊이 느껴진다. 목표와 희망을 지니고 행복할 수 있는 것, 하고 싶은 일에 열정을 가지는 것은 얼마나 소중한가. 탄중 펠레파스가 꿈꾸는 목표와 희망처럼 아이들도 자신의 목표를 항상 생각하는 것이 중요하다. 명확한 목표를 가지고 자신의 삶을 스스로 통제하는 힘, 해야 할 일을 제때에 해내는 힘은 내면에 동기화된 염원이 있을 때 가능하다. 하지만 모든 일에 성공만 있을까? 실패도 성공의 과정으로 생각할 수 있어야 하지 않을까?

"계속 앞으로 나가라. 그리고 넘어져라. 바닥에서 세상은 전혀 다르게 보일 것이다."

윈프리의 말처럼 바닥까지 내려가는 철저한 실패도 때론 경험할 것이다. 바닥을 느껴보았다면 한국 다큐멘터리 사상 가장 높은 시청률을 기록한 〈아마존의 눈물〉 김진만 PD의 이야기를 들려주자.

"긍정적인 사고, 주변 환경에 지배되지 않고 잘될 거라 믿는 확신, 웃음 띤 얼굴을 유지하는 것이 중요하다. 힘들어도 억지로라도 웃을 수 있는 일을 찾고 만들자."

이것이 그가 위기에서 헤어나오는 방법이다. 실패를 통해 성장통을 겪었다면 이번에는 자신에게 선물을 주는 방법도 알려주어야 한다. 최근 한 자동차 회사 광고처럼 퇴근과 동시에 용수철같이 튀어 나가 젊음을 발산하는 것은 상상만으로도 얼마나 기분 좋은 일인가. 현실이 이 같을 수는 없지만 잘 쉬고 노는 것은 인생의 중요한 요소다. 놀이는 삶의 활력소이자 낭만이다. 젊은 날을 즐기는 일에도 열심이도록 조언해야 한다.

적절한 문화생활, 독서, 운동도 삶의 풍요를 가져다주는 소중한 덕목이다. 삶에 여유를 갖고, 고정관념에서 벗어나 넓은 시야를 갖추는 것도 이런 활동이 생활에 조화롭게 배어 있어야 가능하다.

인생은 긴 마라톤이다. 아이들이 삶을 사랑하고 즐길 수 있는 혜안을 갖도록 알려주자. 자기 일을 즐기는 사람을 당할 경쟁자가 있을까? 순간순간을 즐길 줄 아는 아이가 되도록 도와주자. "나의 미래는 지금 내가 무엇을 생각하고 무엇을 하고 있느냐에 따라 달라진다"는 혜민 스님의 말처럼 지금 자기 일을 즐기고 긍정적으로 볼 수 있게 하자.

따뜻한 마음을 갖기 위해서 어찌 '사랑'이 빠질 수 있겠는가. 사랑은 씹을수록 단맛이 나니, 단숨에 삼키지 말고 음미하며 천천히 즐기라고 알려주자. 그리고 사랑은 상대방을 새장에 가두는 것이 아니라, 내 어깨에 태우고 더 멀리 보여주는 것임을 말해주자. 배려가 바탕이 된 사랑은 평생 아름답게 동행할 친구를 만들어준다는 것도 귀띔해주자.

또한 돈을 버는 것은 기술이요, 돈을 쓰는 것은 예술이라는 진리를 이야기해주자. 저축할 시점이 되면 자동차와 주택 중에 무엇이 먼저인지 판단할 수 있도록 조언하자. 그리고 한 은행장이 아들에게 쓴 편지를 보여주자. 돈에 대한 철학을 이야기해주는 것이다.

"돈을 너무 가까이하지 마라, 돈에 눈이 멀게 된다. 그렇다고 너무 멀리하지도 마라, 너의 처자식이 다른 사람에게 천대받는다."

마지막으로 현실에 만족하고 감사하며, 미래를 차분히 준비하는 사람이 되도록 하자. 얼 나이팅게일의 말처럼 행운이란 준비가 기회를 만나는 것이지 않은가. 내가 가진 것에 감사하고 만족하는 기쁨을 누리게 하자. 준비하는 자에게 기회가 찾아온다는 평범한 진리를 이야기해주자.

아이가 진정한 독립체가 되어 또 다른 세대를 품을 수 있는 가장이 되는 행복한 상상을 해본다. 아빠가 그랬던 것처럼 말이다.

광대한 바다

광대한 바다와 마주 서봅니다.

그 크기와 무한함에 좁게만 살아왔던 공감각에 시원함이 더해지고, 새삼 세상의 모든 것을 품을 수 있을 것 같은 호연지기가 샘솟습니다.

물거품을 흩날리며 마주쳐오는 파도의 기세가 무섭습니다. 이내 한고비 넘겼는가 싶지만, 다시 꼬리를 물고 백파가 끝없이 다가섭니다. 인생에 다가서는 고비와 고난 같아서 이제 그만하라고 소리쳐보고도 싶습니다. 하지만 다른 마음으로는 파도에 맞서 저 멀리 돛을 달고 나와달라는 바다의 초대처럼 느껴지기도 합니다. 어떻게 느끼는가는 받아들이는 이에게 달렸습니다.

아이가 독립하기 전에 느끼는 삶의 치열함이 이 바다와 같지 않을까요. 아이들과 함께 즐거움의 파도도, 고난의 파도도 넘어야 하지 않을까요. 아이들만 바다로 나가라고 해서도, 부모만 거친 항해에 나서서도 될 일은 아닌 것 같습니다. 모두 힘을 합쳐 파도에 맞서다 보면, 황홀하리만큼 잔잔한 바다와 푸름을 만끽할 수 있을 겁니다. 같이 노력해달라고 바다가 손짓하고 있습니다.

아빠는
아이들의 첫 번째 멘토이다

"아버지의 어깨는 군장의 무게보다 무겁다."

세상의 아빠들에게 갖가지 요구사항만 잔뜩 늘어놓은 것 같아 미안한 제 가슴에 와 박힌 한마디입니다. 다리조차 끌 힘이 없는 힘든 훈련 가운데, 어깨를 짓누르며 행군 의지조차 꺾어버렸던 그 무겁던 군장을 아빠들은 기억할 것입니다. 군대 시절에는 이것이 세상에서 가장 어려운 일이라고 생각했습니다. 하지만 군을 벗어나자마자 얼마나 힘든 삶의 군장이 어깨며 등에 매달려 있던지요. 세상의 모든 아빠는 가족이라는, 가장이라는 그리고 삶이라는 커다란 짐을 이고 지고 가는 존재입니다.

언젠가 어머니를 모시고 유명한 왕릉을 구경하러 갔습니다. 집 여러 채 정도는 족히 되어 보이는 대단한 크기의 능들이 하늘을 머리에 이고 아래를 내려다보고 있었습니다.

"대단하네요! 죽어서도 이렇게 권세가 느껴지니!"

내 감탄에 한참을 왕릉을 바라보던 어머니가 말씀하셨습니다.

"죽어서까지 등에 저렇게 큰 딱지를 지고 있다니. 나는 무거워 보여 싫은데?"

우리는 살면서 이 무거운 짐을 내려놓을 수 있을까요? 덜 무겁도록, 더욱 신명 나게 느껴지도록 삶을 재구성하는 지혜가 필요하지 않을까요? 자녀교육이라는 엄청난 사명 역시 무게로 따지면 온 산 모두를 합쳐도 따라오지 못할 것입니다.

누구도 아이들이 자라는 순간마다, "이때 이런 게 꼭 필요하니 이렇게 해주세요!"라고 조언해주지 않습니다. 하지만 필요할 때 아이와 지혜롭게 공감하면, 아이도 아빠도 삶의 무게를 상당 부분 덜어낼 수 있습니다.

아빠는 우리 아이들에게는 세상을 먼저 산 인생의 대선배입니다. 아빠는 인생의 후배이자 가장 소중한 아이들이 인생 여정에서 만나는 고비들을 가장 정확히 알려주고 조언해줄 수 있는 능력을 가지고 있습니다. 아이가 필요할 때 매의 눈으로 지켜주고, 때로는 한없이 친근하고 선한 사슴의 눈으로 아이의 정서를 만져주는 자상함도 아빠에게는 있습니다. 아빠의 힘을 발휘하여 아이가 부르는 소리에 답할 수 있어야 합니다.

"아빠는 아들에게 첫 번째 영웅이며, 딸에게는 첫 번째 사랑입니다."

이것이 세상 모든 아빠의 명찰이 되었으면 좋겠습니다.

"성인이 된 후 좋은 스승과 친구를 만나 많은 은혜를 입었지만, 그보다는 아버지에게 받은 사랑, 교훈이 얼마나 더 훌륭했던가."

영국의 정치가 아서 밸푸어Arthur Balfour의 명언입니다. 아이들에게는 아빠가 필요합니다. 자녀와 교감하고 서로 신뢰를 쌓는 현명한 아빠가 되어야겠습니다. 가장 큰 목소리로 세상의 모든 아빠를 응원합니다.

"젊은이가 미로투성이의 땅에 발을 들여놓기 전에,

거기에 발을 들여놓은 적이 있는 경험자가 대략의

약도를 그려서 넘겨주는 정도의 일은 해야 한다."

_ 필립 체스터필드 Philip Chesterfield

내 아이에게 물려주고 싶은 아버지의 인생 지혜

아빠가 알고 있는 걸 알려줄 수 있다면

초판 1쇄 발행 2015년 10월 23일

지은이 여기태

펴낸이 민혜영
펴낸곳 카시오페아
주소 서울시 마포구 월드컵북로 400 문화콘텐츠센터 5층 출판지식창업보육센터 8호
전화 070-4233-6533 | **팩스** 070-4156-6533
홈페이지 www.cassiopeiabook.com | **전자우편** cassiopeiabook@gmail.com
출판등록 2012년 12월 27일 제385-2012-000069호
디자인 조혜상

ISBN 979-11-85952-23-9 03190

이 도서의 국립중앙도서관 출판시도서목록(CIP)은 서지정보유통지원시스템 홈페이지(http://seoji.nl.go.kr)와 국가자료공동목록시스템(http://www.nl.go.kr/kolisnet)에서 이용하실 수 있습니다. (CIP제어번호 : CIP2015027427)

* 잘못된 책은 구입한 곳에서 바꾸어 드립니다.
* 책값은 뒤표지에 있습니다.

* 이 책은 《아빠가 필요한 순간들》(2014)의 전면 개정판입니다.